東亞民俗學稀見文獻彙編
第一輯

稗官雜記

稗官雜記　魚叔權　撰

韓國漢籍民俗叢書

第八冊

稗官雜記

稗官雜記 目次

稗官雜記一

大明高皇帝諱元璋。起洪武元年戊申。盡三十一年戊寅。建文皇帝諱允炆。起元年巳卯。盡四年壬午。 太宗文皇帝諱棣。起永樂元年癸未。盡二十二年甲辰。 仁宗昭皇帝諱高熾。起洪熙元年乙巳。盡是年。 宣宗章皇帝諱瞻基。起宣德元年丙午。盡十年乙卯。 英宗睿皇帝諱祁鎭。起正統元年丙辰。盡十四年己巳。 景皇帝諱祁鈺。起景泰元年庚午。盡七年丙子。英宗睿皇帝復位。起天順元年丁丑盡八年甲申。 憲宗純皇帝諱見濡。起成化元年乙酉。盡二十三年丁未。 孝宗敬皇帝諱祐樘。起弘治元年戊申。盡十八年乙丑。 武宗毅皇帝諱厚照。起正德元年丙寅。盡十六年辛巳。 今皇帝諱厚熜。起嘉靖元年壬午。

改宗系

洪武甲戌。即我　太祖即位之三年。欽差內使黃永奇齎告祭海岳山川等神祝文以來。有曰。高麗陪臣李仁任之嗣。今名某者云云。　太祖遣使奏其　本宗世系與李仁任本不相干。永樂癸未。趙溫回自　京師啓曰。祖訓條章載　朝鮮國王系。是李仁任之後。　太祖亦遣使奏　聞乞改。禮部尚書李至剛等欽奉　聖旨。朝鮮國王奏既不係李仁任之後。想是比先傳說差了。准他改正。正德戊寅。李繼孟回自京師。　啓曰。大明會典朝鮮國下註云。其李仁任及　太祖舊諱今名某者。自洪武六年至二十八年。首尾凡弒王氏四王云云。　中廟遣南袞李耔等賫奏乞正傳說之謬。禮部尚書毛澄等奏曰。竊惟我朝祖宗列聖。立法垂訓。後先作述。俱有成書。而其中義例或不盡同。若會典一書所以詳載。本朝國初以來。官職制度。俾文武諸司便於參考。其事關外國是非疑似之間。皆在所畧。況　太祖姓舊諱得國改號。皆出自　太祖高皇帝之命。聖恩所授。決非苟然。
且其不系李仁任之後。又奉有　太宗皇帝詔旨。許令改正。而
一統志又明著王瑤昏迷。　太祖姓舊諱爲、衆所推等事。與今
所奏。大畧相符。臣等欲望　皇上念其好文守禮之國。鑑其爲
祖辨誣之誠。　俯從所請。降勅一道。賚付差來陪臣。齎至本國。
諭以　聖意。則如天之仁。丕冒海隅。而遠人之心安矣。奉　武
宗皇帝聖旨朝鮮國王之祖某。不係李仁任之後。我太宗文皇
帝已有　旨。准他改正。今又具奏陳情。誠孝可嘉。還寫　勅與
王知道。嘉靖己丑。賀節使柳溥聞重脩會典。呈文于禮部。乞將
宗係惡名兩事。從實改正尚書李時等奉　聖旨。朝鮮國陪臣
所呈本國系事情。既有節奉　祖宗朝明旨。你部裏通查備細
開載。送付史館。采擇施行。嘉靖癸巳。賀節使南孝義令譯士李
應星請於序班。轉請內閣。辨事官潛持新纂會典一卷以來。蓋

已正寫。其前後　聖旨。皆用小註。錄於本條之下。而陪臣南袞
之袞字。誤作壽字矣。嘉靖丙申。修撰龔用卿等奉　詔來頒。越
三日。宴于勤政殿。　中廟語及宗系等事。曰。李仁任本非同宗。
與會典所載弑王氏四君之事。已累次奏　准改正。迄今尙未
改也。龔用卿曰若有朝廷　明旨改正此事。可以行矣。此子孫
不敢誣其祖父之心。不失爲孝。若果非其祖奏　聞是矣。嘉靖
已亥。中廟又遣權橃任權等乞依前後　聖旨改正。帝勅諭曰。
爾國數以宗系非李仁任之後來奏。我　成祖及　武宗廟俱
有　明旨。具悉矣。但我　高皇帝祖訓。萬世不刊。會典所載。他
日續纂。宜詳錄爾詞。爾恪共藩職。朕方嘉爾忠孝。可無遺慮也。
正德戊寅。　中廟以宗系事。遣大提學南袞奏聞于帝。事下禮
部。久未覆奏。公乃上書于尙書毛澄。又令書狀官韓忠作書上
于郎中。亦公之所塗改也。尙書覽之。大加稱賞。士大夫聞之。爭

傳寫以觀。及草奏時。尙書謂郞中曰。努力起稿。毋見笑於文獻
之邦。稿成。尙書多所竄定。竟從其請。
本國陪臣到燕。舊無防禁。嘉靖初年譯士金利錫踞坐書肆。要
買大明一統志。主客郞中孫存仁適赴早衙。取其書而觀之。驚
怪曰。此非外人所當買也。因閉館門。俾本國人一切不得出入。
遂成故事。嘉靖甲午。 中廟命蘇判書世讓。呈文禮部。請遵舊
制以便出入。尙書夏言奏奉 欽依。許令五日一次。正使及書
狀官等出館觀游。其隨從人役。不許擅自出入。是年。鄭叅議士
龍以賀至使赴燕。 中廟又移咨禮部。請依先前舊例。一行之
人俱出入無禁。尙書夏言覆奏曰。 朝鮮國素秉禮義。委與諸
裔不同。況先年五日一次禁例。原爲他夷而設。朝鮮琉球二國
不在此限。叅詳該國咨文。詞情懇切。其沐浴 聖化。不肯甘同
醜虜。志實可嘉。合候 命下。行令該管提督主事。於該國一行

使人聽其每日出入不必限制奉　聖旨是禮部於館裡張榜曉諭許自出入然一二年之後凡一行人員只往來館門之外而其稍遠之處則雖公事必有票帖方許出去其後門法轉密丁未之夏宋同知純以奏　聞使赴燕援先年　聖旨呈文禮部乞復舊規尚書費宷奏奉　聖旨許令出入然旣還之後提督主事復嚴其禁至設棘針於墻上觀其所爲禮部雖不得不許其請而終有防禁之心非但中朝時異世殊亦由本國之人有以自取可歎也已本國使臣之赴燕回還也在正德十六年以前禮部差序班一員沿途防範直至遼東是年十月今　皇帝即位禮部以序班擾害地方議奏裁革只令遼東差去千百戶回送嘉靖乙未遼東百戶高嵩以伴送到京序班等賂高嵩使呈通狀其大意以爲朝鮮國使臣回還之時積年車戶乘機竊其行李乞賜差官伴送杜絕弊端禮部奏奉　欽依復差官

序班護送。行到山海關。例必聲言本國通事以下。在路多買弓角。若將一一搜檢者。又令其家人持大刀。剜破一行包子。又割絕其繩索。一行人不得已收聚雜物以賂。冀得無事。以銀計之。則多至七八千兩。少不下二三十兩。其中罄橐者。則至於脫衣以充。雖本國之人。有以自取。其貪饕無忌甚矣。丁未歲。車夫竊進 獻使李蘷所賫勅書。序班李時貞先一日過來。本國欲因此時歷數序班作弊之狀。奏 聞于 帝。乞又裁革。議竟不行。

鴨綠江之西。狄江之東。土地平衍且膏腴。名其地曰獐子。曰圓直。曰威化。謂之三島。 大明初。空曠其地。以別區域。 世宗朝以來。本國設烟臺瞭望。後因㺚子頻寇。撤其烟臺。嘉靖甲申間。遼東九連城馬頭山等處居民。利其沃腴。移住耕種。遍構廬舍。仍結義州邊民。往來買賣。自辛卯歲。 中廟屢咨遼東。乞令刷還。都司遣指揮等官。治違禁居住之罪。毁其廬舍。使還本貫。至今三島絕無烟火。但義州軍民潛入湯站之地。誘引漢人。帶其物貨。轉賣圖利者絡繹不絕。至使漢人出入於龍川鐵山諸郡。其姦頑之弊。又不可救矣。

嘉靖初年間。張孚敬桂蕚恃寵頗專。歲己丑給事中陸粲買棺櫬示必死。上疏論張桂之罪。 帝即罷兩人職。而以陸粲明知兩人之罪。而初不言之。非本心之忠也。 命杖貶于外。其後吏部尚書汪鋐亦專權無忌。嘗怒郎中莊一俊。曳而杖之。與郎中呂希周迭爲唇齒。賄賂公行。時人爲之語曰。一億呂郎中。十萬汪尚書。言其受賂而致富也。給事中馮恩上疏請治其罪。 帝大怒。令鞫恩于闕庭。羣臣會立。恩面數汪鋐之罪。鋐憤甚。將請於 上。置之不測。尚書夏言止之曰。不可使 聖主有殺諫臣名。且令恩謝罪於鋐。恩曰。辨我是非。在於 明主。我豈謝於老賊者乎。 帝聞其狀。只罷恩職。給事中薛宗鎧方一桂御史曾

翀等交章駁鋐不已。帝不得已謫汪鋐。而以薛宗鎧等謗訕
朝廷。命打着爲民。薛會二人俱於杖後身死。若陸粲諸人。可謂
剛直不苟合者也。
嘉靖乙未。禮部尙書夏言等。奏定宗廟名額。及昭穆遞遷之
議曰。太祖之廟。是爲太廟。太宗之廟。宜曰太宗廟。仁宗
爲昭第一廟。宜曰仁廟。宣宗爲穆第一廟。宜曰宣廟。英宗
爲昭第二廟。宜曰英廟。憲宗爲穆第二廟。宜曰憲廟。孝宗
爲昭第三廟。宜曰孝廟。武宗爲穆第三廟。宜曰武廟。盖祖
功宗德。皆百世不遷。即殷人祖契宗湯。周人祖稷宗文武之義。
我太祖百世所祖。我太宗百世所宗。稱名取義。深合宗法。
至若遞遷之序。先儒以昭常爲昭。穆常爲穆。假如新主。世當祔
昭則上世第一昭廟當祧。世當祔穆。則上世第一穆廟當祧。各
以其次遞遷。昭主當祔。則羣昭移而穆不移。穆主當祔。則羣穆

移而昭不移。此昭穆遞遷之義也。今日特建 太宗廟于左昭之上。而虛右穆之上者。將以待有功德之宗。是宗無數之義也。帝是之曰。昭穆遞遷。要必昭不動穆。穆不及昭。方是正義。可著爲令中。

嘉靖乙未。琉球國王差臣謝 恩。其奏本曰。琉球國中山王尙請謹題爲謝勞事。伏念。臣僻居海邦。荷蒙 聖恩。封臣爲中山王。不勝感戴。除具表謝恩外。今有差來使臣二員。正使吏科給事中陳侃。副使行人司行人高澄。冒六月之炎暑。衝萬里之波濤。艱險驚惶。莫勞於此。小國荒野。無以爲禮。薄具黃金四十兩。奉將謝意。此敬主及使乃分之宜。酬德報功。亦理之常。二使懼 聖明在上。堅不敢受。微臣情不能盡。無以自安。謹令陪臣順賫貢奉。伏乞 天語丁寧。賜被二使。庶下情盡而遠敬伸。無任感激之至。奉 聖旨。覽奏謝足見敬愼。全着陳侃等收了。余讀

10.

琉球此奏。詞意多疵。殆不成章。文獻之不逮本國遠矣。

倭

對馬島舊隷我鷄林。未知何時爲倭人所據。島中分爲八郡。土瘠民貧。以魚鹽販賣爲生。宗氏世爲島主。其先宗慶死。子靈鑑嗣。靈鑑死。子貞茂嗣。貞茂死。子貞盛嗣。貞盛死。子成職嗣。成職死。無嗣。島人立貞盛猶子貞國爲島主。貞國死。子杙盛嗣。南北有高山。皆名天神。南稱子神。北稱母神。家家以素饌祭之。山之草木禽獸。無敢犯者。罪人走入神堂。則亦不敢追捕。自東萊釜山浦至島。水路凡六百七十里。自島至一歧島。四十八里。自一歧島至赤間關。六十八里。赤間關即日本西涯也。

使臣

嘉靖已亥。 皇帝特賜陪臣宴于禮部。 中廟遣官謝恩。禮部郎官覽其謝表曰。表詞極佳。其表曰雨露恩深。撫綏罔間於內外。雲天澤霈。優寵延及於賤微云云。何圖擎表之下价。特賜錫宴之殊榮。淩骨淪肥。悅親沐於洪渥。醉酒飽德。若普沾於全封。

奏文

玆豈陪臣之私叨。實是一國之同慶云云。金慕齋安國之詞也。」
嘉靖己亥。　中廟爲宗系等事。遣權橃等奏聞陳情。宗
令翰林院改纂。仍降　　敕付來。又差陪臣謝　恩。大提學慕齋
金文敬公製謝表。三公共議。抹其中四五句。慕齋是日以家齋
未參。聞之大驚。不顧騶從未備。徑進三公之家。力辨其不可抹
之由。遂全其稿。其表曰。大陽普照。餘光洞燭於隱微。沛澤徧施。
流波蕩滌於誣枉。　恩被存沒。感徹幽明。伏念先臣某。系出孤
寒。勢絕憑藉。初以朝鮮之遺庶。遷徙遠方。後仕前原之將衰。除
襲冗職。逮先臣始宦於舊土。事高麗漸陞於顯班。唯守純忠而
勤勞。不與奸黨而締結。値國運之告訖。奉妃敎而權承。原本心
非因希覬之圖。究載籍罔涉悖逆之族。審輿情而錫封爵。　帝
眷既降。罄中誠而拱極辰。藩節彌礪。耳目難掩。首末甚彰。痛成
錦於讒人。類投杼於慈母。致淵洪垂範之訓。玷萋菲傳訛之言。

値高麗

12

重泉欝悶而莫伸。再世瀆顙而未暴。縱蒙兩朝之俞命。尙阻昭雪之詳。特降一札之綸音。快示辨錄之旨。温諭丁寧而俞切。宿累消釋而靡留云云。然議者謂。以謝　恩表而備叙　太祖世系。歷官太多。且奉妃敎而權承之句雖是摭實。中國之人。必不能解其意。就令解見。亦不取信。若此等句。雖抹去可也

奏文

嘉靖皇帝。服丹砂頗躁急。女官少自全。壬寅歲。宮女二十餘人。伺其醉睡。用綿子裹其項。以絨絲縊之。垂絕。有一侍女。奔告於皇后方氏。皇后大叫。來救得蘇。　中廟遣使進賀。大提學金慕齋製其表。旣至京師。禮部尙書嚴嵩令取本國表文而讀之曰。正是蓋表。詞若直說則太逼。泛言則沒實。四方賀表多不得的語。故見本國表詞而是之也。其表有曰。乾坤轉運。基命寔申。日月照臨。陰慝自殄云云。豈意滔天之羣逆。乃出侍禁之微奚。幸賴神祇祖宗之祐扶。益綏康福。旋攄上下臣民之憤痛。快正典

刑云云。

奏文

嘉靖乙巳。帝特賜本國陪臣一品宴于禮部。又送濟州漂海人口。上遣僉知尹溪謝恩。其表有旣飽爾德之顯顯。言復我里之悠悠之句。禮部郎中覽訖曰。爾德之爾字不恭。宜改爾作令。譯官對曰。爾德二字。出於詩經。況表詞非陪臣所當擅改。郎中曰。汝謂我不通經乎。古今異宜。安可指上爲爾。若不改則本部當叅奏表詞之不恭矣。不得已令書狀官姜偉改寫令字而呈之。

嘉靖乙未。遼軍叛亂。因都御史呂涇巡按曾銑密捕賊魁誅之。餘悉不問。遂安有衆。前給事徐景嵩作弭變賦曰。粵嘉靖之乙未兮。春三月之己丑。緊遼陽之軍士兮。忽鴟張而亂吼。執撫臣如兒戲兮。覘仇讐而輙毆。左伐鼓而右撞鍾兮。爰自辰以及酉。城九門以晝閉兮。握鎖鑰以自守。啓圄囹而出罪人兮。視王章若芻狗。家慄慄而戶凜凜兮。如赤子之失母。雖達官與顯人兮。皆吞聲而袖手。于時石塘出按南陬。車方次千灘。右報已達于復州。秉燭草檄。杖鉞旋騶。單騎犯餒虎之穴。挺身蹈孽狐之丘。於是賞懸香餌。令布疾雷。開以禍福。諭以安危。大義如日之當午。人心如夢之方回。迺釋撫臣。迺開城門。迺飭官吏。迺戒囂昏。一時怒蛙與鬪蟻。亦皆畏威而感恩矣。既而撫臣被命兮。駕言旋京。比至廣寧兮。軍復弄兵。執之以徇兮。一市皆驚。窘辱備至兮。衣不掩刑。縱回緣于簿書兮。火延公庭。遽灼爍于廟學兮。勢若燎翎。是夜撫順車七。亦效尤逞虆兮。乃共縛其備禦。因惻其家而奪之貨兮。恣毒虐而靡懼。雖皆么麼小醜兮。似無煩于示怒。然未浹月而變至三兮。誠可疾而可惡。於是石塘。爰度爰思。爰詢爰訪。渠魁主名。如指諸掌。迺集官屬。迺陳器仗。迺授方畧。迺分向往。密謀既定于烏臺兮。元惡豈逃于天網。於是羣兇盡獲。次第就誅。事同拾芥。力易摧枯。蠢蠢釜魚。虛見辱于纁斧。區區穴鼠。濫欲浣夫昆吾。然後寬詿誤之典。有愶脅之辜。惠風旁布。時雨覃敷。師儒相與慶于學。農夫相與抃于區。商賈相與歌于市。行旅相與樂于途。若是匪直出萬姓於水火。固將滌一方之穢汚也。於戲噫嘻。原夫吾遼之伊始兮。迺舜封之故州。表名山以作鎭兮。惟醫閭之崒嵂。相殷箕之適朝鮮兮。實來歌而來遊。彼管寧之避地于茲兮。亦樹德而垂休。雖金遼之淪于夷兮。其間名士碩人尙班班其可求。迨 聖朝之混一區宇兮。凡吏于土者唯舊章之率由。以忠貞爲干櫓兮。以禮義爲戈矛。作國家之保障兮。故至于今絕東顧之憂。奈何撫臣失御兮。政令倒顚。遂使鸞鳳與鸑鷟兮。化爲鴟鳶。幸石塘之按蒞茲土兮。計出萬全。雖異議之紛紛兮。持志彌堅。不煩一矢兮。不費一錢。坐鎭大變兮。千里晏然。然則若石塘者。抑亦可以爲賢矣。憶昔大同之變兮。六師往戰。分道並進兮。殺人無算。攻城不下兮。三月有半。師老財匱兮。功不補患。以此較彼兮。孰得孰失。蓋不待辨而自判也。是故汲黯在朝。淮南謀止。范滂攬轡。汚吏潛徙。張綱降廣陵之盜。龔遂化潢池之子。以今石塘方之。又何多讓于彼哉。重曰。鯨鯢戮兮海不波。風塵息兮邊人和。策驄馬兮歸去。載成績兮上鑾坡。願九遷兮厥秩。沛霖雨兮滂沱。福蒼生兮無極。越千祀兮謳歌。按徐之此賦。雖不高古。備載叛軍首尾。故錄之。

使臣

舊例。於赴京使臣之行。別差文官一員隨去。謂之朝天官。後改曰質正官。令承政院抄給吏語方言之未解者。憑序班草得註釋而來。又諱其官號。而塡以押物。嘉靖乙未。始以質正官塡批文。令陪臣呈文禮部乞官與質疑。尙書許其請。提督主事覽其所質文字曰。此皆淫女戲押之言。及戰陣之法。不可聞於尙書。尙書之許。蓋以汝國遠在外服。凡奏咨體式。避諱字樣。恐不能曉故也。至於方言俗諺。則非唯中國亦所難解。汝國亦不必知也。其後因憲府之啓。令弘文館抄古今書籍中之可疑者。使之質來。事竟不行。質正官只依舊質問於序班。丁酉歲。以驛路之弊。不差質正官。今已十餘年矣。

金同知世濂。嘗以軍官赴燕。效作漢語。雖聲韻不似。而常用之言。尙十通一二。每逢人輒說漢語。人頗笑之。嘉靖乙巳。福建漂海人民。泊于湖南興陽縣監蘇連鹿島僉使張明遇等。以爲倭賊。前後斬三百餘人。又一船泊于海島。時金爲水軍節度使領軍。馳往見其衣服似唐制。以漢語問之。乃福建之民也。遂押送于京。摠二百人。皆轉解遼東。而蘇連張明遇將抵極罪。適遇赦免。金之漢語。活了二百人性命。豈可非笑乎。

倭人。舊不知用鉛造銀之法。只持鉛鐵以來。 中廟末年。有市人。挾銀匠潛往倭奴泊船地方。敎以其法。自此倭人之來。多費銀兩。京中銀價頓低。一兩之價。只惡布三四疋而已。朝京之人。挾持無忌。商賈之徒。賫往義州等處。轉賣土人。 朝廷申明禁銀之法。別令咨文點馬嚴密搜檢。或遣御史點閱。犯在我地者。全家徙邊。犯在上國者坐死。數年之間。獄事屢起。死於杖下者有之。遠徙邊方者有之。或逃役於外。或拷訊累月。其後倭奴舟載銀貨。賣於上國寧波府。又福建浙江之人。潛往日本。換買銀子。因而遭風泊於全羅道者數三。動輙二三百名。自後銀兩漸貴於本國。然福建人民賫帶銃砲。因以教倭。倭之放砲始於今日。向非市人傳以造銀之法。其禍其弊。豈至於此哉。

中國之法。不得與外人交通。雖本國官者之入仕中朝如金義陳浩者。時送下程於陪臣而已。不曾相訪於館中。近歲龔脩撰用卿。吳給事希孟。華侍讀察。薛給事廷寵。相繼來東。及其還朝。例訪陪臣於館。且致下程。其舍人等云老爹輩議于閣老諸公。

使臣

止臣

諸公皆謂　朝鮮禮義之邦。世爲中國藩屏。何可以外人待之。
陪臣之來公輩任其訪問云云。故每來相訪耳。
嘉靖丙午。以　帝命遣陪臣李巙進紙。　帝降勅賜銀。李公藏
勅書於衣籠中。行至山海關外。被竊於車夫。本國以遺失制書
律罪之。奏聞謝罪。禮部奏曰。　朝鮮國王進献紙張。忠誠固有
可嘉。而朝廷錫以金幣　勅書。恩意尤重。陪臣李巙正宜虔於
賫捧。倍愼關防。仰承　皇上汪濊之恩。俯稱　本王任使之意。
斯無忝於奉使之職也。今乃置　綸音于筐笥。旣乖敬事之儀。
委囊槖于驛門。復蹈慢藏之戒。致使邊鄙愚民乘機盜竊。利其
資貨。燬及　勅書。況驅馳已遠於數程。覺察更遲於信宿。而又
不俟奏請處分。輙自先歸本國。論其怠事。責固難辭。但外國陪
臣得以奉使　天朝。方慶遭逢之盛。今乃以失事獲罪。似非所
以慰安遠人之心。況據李巙告稱。在途患病。失於關防。情似可

原。合無俟　命下之日。本部移咨本國。將李㦂等悉從寬宥。以彰　皇上曠蕩之仁。云云。

東人詩話云。高麗時。王幸西京牧丹峯。御製云。北斗七星三四點。有一生進對曰。南山萬壽十千秋。三四爲七。而十千爲萬。的對云。余覽對類總龜載此全句。而但十千秋作十千年。總龜乃大明徐駿本對類大成。而增廣之也。大成不知何人所編。意出於宋人之手。無乃舊有此句。而高麗君臣盼然相欺。以眩衆目乎。抑此對流傳中國。遂載於大成總龜乎。不然安有暗合至此哉。」

近世申判書公濟。聚東國名人筆跡刊行。自崔致遠以下凡若干人。名曰海東名跡。嘉靖丁亥。余謁愼公自健。公曰。海東名跡中。朴耕書一幅。余之所寫也。申老得於朴之子弟。而不悟其非眞。噫朴之死。距名迹之聚纔十許年。申老亦號具眼。而猶有此失。則其遠在百年之外者。安能保其眞贗也。愼公自有楷法可傳。而誤認爲朴筆。則其謬甚矣。

日本使臣入京

正德壬申。倭使到京。得病作詩曰。東國館門外。四屏山暮春。塵埋床下屨。蛛網架頭巾。枕有思鄉淚。門無問疾人。滄波萬里客。惆悵未歸身。于時宣慰官歎服不置。都下咸傳誦焉。以今觀之。唐末病僧題其戶曰。枕有思鄉淚。門無問疾人。塵埋床下履。風動架頭巾。適有部使者見之。因言於朝。令天下寺。置延壽寮。以養病僧。倭使之詩。都用病僧兩聯。而只上下其句。又改履作屨。改風動作蛛網而已。都下之傳誦者。固其所見之不博。宣慰之官。亦不具眼。可笑之甚也。

日本使弸中之來也。金慕齋爲　宣慰使。時適夏月。弸中見食案有氷。忽吟曰。氷消一點還成水。請慕齋屬對。慕齋呻吟半日。竟不就。木立雙株便作林。未知其誰作。

中國方言

不分二字。中國方言也。分與憤同。不分即怒也。猶言未憤其怒而含蓄其怒也。老杜詩。不分桃花紅勝錦。生憎柳絮白於綿。生憎卽憎也。亦方言也。不分旣方言。故以生憎對之。東坡詩。不分東君專節物。亦此意也。　成廟朝。諺解杜詩者。誤以不分之分。爲分內之分。遂使東人承誤而用之。竟不知不分之義。

藝苑雌黃云。昔之詠三良者。有王仲宣曹子建陶淵明柳子厚。而曾無一語辨其是非者。唯東坡和陶云。殺身故有道。大節要不虧。君爲社稷死。我則同其歸。顧命有治亂。臣子得從違。魏顆眞孝愛。三良安足希。此一篇冠絕於古今。余按詩黃鳥篇註。晦翁云。觀、臨穴惴慄之言。則是康公從父之亂命迫而納之於壙。其罪有所歸矣。然則柳子厚從邪陷厥父。吾欲討彼狂之句。先得晦翁之旨。而優於東坡之論矣。

范文正公嚴先生祠堂記云。雲山蒼蒼。江水泱泱。先生之風。山高水長。迂齋批云。含無恨意。然唐權德輿釣臺詩。江流去不盡。

佛

山色淩秋旻。人世自古今清輝照無垠。已有此意思。

光廟朝。京城創圓覺寺。塑立佛。有倭使見之曰。凡佛皆坐。而獨此佛立焉。是行步之象也。寺其不久乎。至燕山時。毀是寺。黜佛於外。歷三四寺。行步之言果中。

余高祖提學公諱變甲。永樂戊子中文科會試。大提學郊隱鄭公以吾夢得詩曰。三級風雷魚變甲。一春烟景馬希聲。雖云對偶元相敵。那及龍頭上客名。公果中殿試第一名。

余高祖提學公爲監察。與同僚申巖軒檣約曰。吾等苟得名。遂須歸養老親。及爲集賢殿直提學。以 上恩稠重。未忍遽離輦下。常恨歸養之已晚。宣德丙午患濕症。即欣然辭職。行至昌寧別墅。作詩曰。謝病歸來一室幽。荒凉草樹古池頭。若余豈避功名者。只爲慈親不遠遊。至咸安本家。題壁上曰。歸來棲息地。環堵兩三間。風雨弟兄話。晨昏父母顏。門聽雙澗水。樓對四窓山。只要君臣義。休官諒不難。後申公官至工曹叅判。謂公之子翰林孝瞻曰。余與乃翁。密約歸養。乃翁能決然而歸。余則負約。今家君拜司諫而來。余馳書乃翁曰。余亦今日侍嚴君。大諫。可謂人生得意無南北也。贊成權公踶謂人曰。我國辭爵祿者止二人。許判漢城周與魚某也。朝議惜其行義。除金海府使。不起。丁內憂服闋。以知司諫院事徵之。亦不就。期欲終養慈親。而不幸先卒。內憂當作父憂

余曾祖文孝公諱孝瞻。　英廟朝。爲集賢殿校理。有爲風水說者建言。宜於宮城北路。築堵作門。以限往來。且於城內。補土爲山。明堂之水。禁投穢物。公上疏極言其不可。　上覽而嗟賞。遂不用術者言。公精於禮學。甞博采諸家要說。著爲一書。名曰禮記日抄。　顯廟命入內。今藏在弘文館。

余曾祖文孝公。不信妖怪。禁巫覡不得出入於家。景泰庚午。爲

司憲府執義。府有小宇。叢掛紙錢。號曰府君。相聚而瀆祀之。凡新除官亦必祭之惟謹。公令取紙錢焚之。痛斷其祀曰。焉有憲府而瀆祀無名之鬼乎。自後凡所歷官府。其府君之祀皆焚燬之。俗於人死之三日七日。例具酒餅往于巫家。巫云新魂下降。因言其已往及未來事。公卒。臧獲等往一巫家。巫言。我平生不喜如此事。汝輩其速還。

光廟潛邸時。如京師謝　賜冠服誥命。選名士以從。四佳徐文忠公以集賢殿校理。亦在選中。既行。母夫人卒。渡江之夕。　諭書至。　光廟姑秘之。夜公有怪夢。即驚起不覺流涕。同宿者問其故。公曰。余夢月恠。夫月母象也。吾有老母在堂。夢徵不祥。是以悲耳。有以公夢告者。　光廟歎曰。某之孝誠。足以動天。遂召公語之。　光廟即位。每稱鴨江之夢曰。余之取子。非獨才爾。

祈郎中順之來使也。遠迎使四佳徐文忠公。以久無白牌。浴于

四佳

成川。郎中忽渡。公倢及於良策舘。郎中待公頗不欵。至安州。登百祥樓。是日適有風。圍之以帳。公令譯士告曰。古人以背山起樓。爲殺風景。今以帷幔遮擁面江之地。使不通眺望。無乃蹈古人之所譏乎。郎中曰。宰相亦識字乎。始作詩示之。公走筆次韻。郎中覽而嘉悅。遂令入座。迭相酬唱。自此相得懽甚。及還朝。屢寄詩及簡。聲問不絶。

成化丙申。祈郎中順重過博川江作詩。其末句。壓菱字。四佳徐文忠公和其韻。往復各十二篇。最後四佳云。南望達城家万里。夢魂長繞故園菱。郎中曰。菱非園中之物。此句何謂也。譯士進曰。徐公家在水國。產菱最多。故云爾。曰。然則不妨。蓋四佳泛指故鄕爲故園。然終不穩愜。

金時習遊嶺東。至襄陽府。讀樓題罵曰。何物狗子作此詩乎。每讀罵不絶聲。讀至一篇曰。此漢稍可。及見其名曰。果貴達之作也。蓋謂涵虛洪公也。

金時習與柳襄陽手簡累百言。其略曰。僕生孩八月。自能知書。族祖崔致雲命名時習。三歲能綴文。作桃紅柳綠三春暮。珠貫靑針松葉露等句。五歲讀中庸大學於修撰李季甸門下。司藝趙須命字作說以授。政丞許稠到廬曰。余老矣。其以老字作句。僕應聲曰。老木開花心不老。許擊節嘆賞曰。此所謂神童也。英廟聞而召于代言司。命知申事朴以昌試之。知申事抱于膝上。指壁畫山水圖曰。汝能作句乎。僕應聲曰。小亭舟宅何人在。如此作文作詩甚多。傳 旨曰。欲親引見。恐駭人聽。宜韜晦敎養。待年長學業成就。將大用。 賜物還家。十三歲詣大司成金泮門下。受語孟詩書春秋。又詣司成尹祥。受易禮諸史。比長不喜榮達。且以親戚鄰里濫譽爲惡。旣而心事相違。顚沛之際。英廟顯廟相繼賓天。 光廟之初。故舊喬木盡爲鬼簿。而復異敎大興。斯文陵夷。僕之志已荒凉矣。遂伴髡者遊山水。故人以我爲喜釋。然不欲以異道顯世。故　光廟傳旨累召。而皆不就。處身益以疎曠。使人不齒。故或以僕爲癡。或以僕爲狂。呼牛呼馬皆便應。今　聖上登極。用賢從諫。冀欲筮仕。十餘年前。復於六籍溫熟稍精。而屢見身世相違。如圓鑿方柄。舊知已盡。新知未慣。孰知余之素志。故復放浪於山水間矣。是皆實事。唯公默志。」

大明蘇福。八歲作初一夜月詩云。氣朔盈虛又一初。嫦娥底事半分無。却於無處分明有。恰似先天太極圖。年十四而卒。

寧海府有西泣嶺。俗傳。使星若初踰此嶺。則必有凶事。人皆避之。孫七休舜孝爲觀察使。直到嶺上。白古樹題詩曰。汝揖華山呼萬歲。我將綸命慰羣氓。箇中輕重誰能會。白日昭然照兩情。因改名曰破怪峴。

自永樂以來。本國屢請遣子弟入學。輒不許。天順庚辰。　光廟又遣官奏請。　英宗皇帝降勅諭曰。今得　王奏稱。國在海外。文學未精。兼又吏文漢音不得通曉。欲照歷代舊例。遣子弟入學等。仍具悉。且前代之制。或命八才子往教。或許遣子弟入學。他如王彬等擢科遣還。韓昉輩因使暫留之類。蓋由當時彼處文學未盛。又中國好大之君。取爲美觀而已。我朝　祖宗以來。不行此制。矧今　王國詩書禮義之教。傳習爲有素。表箋章奏與夫行移吏文。悉遵禮式。雖未能盡通漢音。而通事傳譯。未嘗不諭。又何必子弟來學。然後爲無誤哉。朕遵祖宗之制。不欲慕習虛美。　王亦當恪守舊規。率勵國中子弟。篤志經籍。則自有餘師。人才不患難成。而事大不患其有礙也。　王其體朕此意。毋忽。余按。　英皇此勅。不許入學。其意甚堅。今雖懇請。禮部必查例固拒也決矣。

成謹甫嘗赴燕京。有人請題白鷺圖。而不示其本。公走筆先成

志佐

上二句曰。雪作衣裳玉作趾。窺魚蘆渚幾多時。於是出畫示之。乃水墨圖也。遂足之曰。偶然飛過山陰縣。誤落羲之洗硯池。

佔畢齋金文簡公。作舍方知詩。其序曰。舍方知私賤也。自幼其母爲女兒服。傅脂粉學剪製。及長頗出入朝士家。多與女侍同寢。進士人金九石妻李氏。判院事純之之女也。寡居引舍方知。托以縫衣。晝夜與處幾十餘年。天順七年春。司憲府聞而鞫之。逮訊其素所通一尼。尼曰。陽道甚壯。令女醫班德捫摸。果然也。

上令承政院及永順君溥河陽尉鄭顯祖等雜驗之。河城之妹。爲李氏媳婦。河城亦吐舌曰。何其壯也。 上笑之。特令勿推曰。恐汚巇純之之家門也。將舍方知與純之區處。純之只杖十餘。送于畿內奴子家。旣而李氏潛召舍方知還。純之卒後。又縱恣不已。今年春。宰樞因燕語白之。 上杖配舍方知于新昌縣。余聞之賦二首云。縫羅深處幾潛身。脫却裙釵便露眞。進物從來容變幻。世間還有二儀人。又云。男女何煩問產婆。妖狐穴地敗人家。街頭喧誦河間傳。閨裡悲歌楊白華。蓋舍方知其外腎常藏在內裏。故有二儀人之語。詳見四佳筆苑雜記。余嘗見義州甲士崔漢壽家有雌馬。其陰戶中有陽莖。每溲則隱於內。起則出於外。從莖口放尿。遇春月逐雌馬往來。而以其莖勢向後。故不能合焉。若雄馬來。則又踶之使不近。物理之不可知至此。以人而言。其舍方知之類歟。然二者皆物之妖。而舍方知又有所犯。則抑有甚於馬也歟。

退之贈同遊詩。喚起窗全曙。催歸日未西。無心花裡鳥。更與盡情啼。山谷曰。兒時每哦此詩。而不解其意。自謫峽川。吾年五十八矣。方悟之。蓋喚起催歸二鳥名。若虛設故人不覺耳。古今於小詩。用意精深如此。況其大者乎。及見黃玉林詩話云。喚起催歸固是二鳥名。然實有微意。蓋窗已全曙。鳥方喚起。何其遲也。

日猶未西。鳥已催歸。何其早也。蓋二鳥無心。不知同遊者之意乎。更爲我盡情而啼。早喚起而遲催歸可也。玉林此論。又山谷之所未見。至是然後始知韓之詩有無窮之味。而尤覺其用意之精深也。然則今之催通文理。而讀古今人詩。纔一兩過。便指點雌黃。曰某是某非者。豈非可笑之甚乎。

竇滔攜其妾趙陽臺赴襄陽蘇氏織回文寄滔滔悔而謝遣陽臺迎蘇氏

山谷題蘇若蘭回文錦詩圖。千詩織就回文錦。如此陽臺暮雨何。亦有英靈蘇蕙手。惜無悔過竇連波。人多不曉其意。余沉吟數月。得之於心。蓋蘇蕙字若蘭。竇滔妻也。滔仕符堅。爲連波將軍。被罪徙流沙。後堅聞其悔過。乃召還。山谷謫黔南時作此時。其意曰。吾雖有婦如蘇蕙回文之才。而但我不如連波之能悔過。故不得放還也。嘗以此稟於湖陰安分二先生。皆是之。

余一日謁安分李先生。先生詠唐熊孺登祇役遇風謝湘中春色詩曰。水生風熟布帆新。只見公程不見春。應被百花撩亂笑。

此來天地一閑人。仍謂余曰。某平生不解此詩爲何等語也。余對曰。小生竊嘗有得焉。題所謂祗役者。蓋熊老必有監運之事。旣水生風熟。而布帆又新。所以貪於公程而不知春色之已來也。今因遇風。纜舟閑臥。故水邊之花相撩亂而笑之曰。汝此來始賞吾百花。作天地之一閑人矣。此熊老所以謝湘中春色者也。先生沉吟首肯曰。渠見似是。

古人文字。莫不有祖。然語意隱然。初不似有祖。尤爲妙也。韓退之張徹墓誌云。前日吳元濟斬東市。昨日李師道斬於軍中。同惡者父母妻子皆屠死。肉餧狗鼠鴟鵶。汝何敢叛。此祖漢書蘇武傳南越殺漢使者。屠爲九郡。宛王殺漢使者。頭懸北闕。朝鮮殺漢使者。卽時誅滅。一節。毛潁傳云。自秦皇帝及太子扶蘇胡亥丞相斯。中車府令高下及國人。無不愛重。此祖蘇武傳皇后父平恩侯。帝舅平昌侯樂昌侯。車騎將軍韓增。丞相魏相。御史大夫丙吉。皆敬重武一節。

韓退之送窮文。法揚雄逐貧賦。歐陽永叔醉翁亭記。法退之祭大湖神文。蘇子瞻表忠觀碑。法柳子厚安豐縣孝門銘。皆靑出於藍而靑於藍者也。柳子厚上許京兆書。法司馬遷報任安書。子厚平淮夷頌。法大小雅。張文潛竹夫人傳。法退之毛穎傳。皆効之而未及眞鑿者也。

余伯祖文貞公諱世謙。嘗過臨溪驛。有詩曰。得句偶書窓。紙破詩亦破。好詩人必傳。惡詩人必唾。人傳破何傷。人唾破亦可。一笑騎馬歸。千載誰知我。正德庚午歲。公之甥尹觀察金孫。刊公集于嶺南。令同宗魚灌圃得江魚軍威泳濬編次。此一篇刪去不錄。今載錄東文選。且挽崔寧城。挽李延城。和　御製示功臣詩。効王諱器物銘等作。皆見刪於本集。而見於東文選。去取之不同如此。

鴨脚。古人云千箇入腹内則死。然十歲以下小兒食半升餘輙死。不待千箇也。余所見者數人矣。

成化己亥中國征建州。請兵於我元帥魚有沼。至滿浦鎭。以江氷未合。罷兵而歸。　成廟大驚。即命尹弼商代之。斬賊魁李滿住。其他首級亦多。又獲被虜人口。遣叅判魚公世謙。獻俘馘于京師。行至遼東。御史及太監摠兵管等曰。首級人口。何必進于京師。首級則付邊鎭。人口則付親戚可也。我等當具由奏達。公答曰。獻馘王庭。古制也。今奏捷而無所獻。將何以驗。往復數三。竟不從。御史等爲公設宴。公揖而不跪。御史曰何不跪飲。公曰我奉　殿下之命。來朝京師。諸大人特設宴以禮慰我耳。我焉得跪飲。至海州衛。有人自稱御史丁鑽。作絶句求和。公即次其韻曰。百尺深池百尺城。聖明千載際時淸。手中掣得鯨鯢首。不愧凌煙掛姓名。其人跋云。眞宰相也。

任西河元濬。少擅才名。景泰丙子。與魚文貞公將赴會試。約曰。我長於表。子長於賦。吾兩人各製所長兩題而易之。不勞而具二篇。文貞許諾。及入場。日已夕。文貞持賦稿與之。而索其表。西河曰。吾今日思涸。僅製一表。賦則欲臨卷走筆耳。文貞退而自製。揭榜之日。西河使其奴之識字者往觀曰。第觀榜頭便是吾名也。奴還報主曰第二。西河大驚曰。壯元爲誰。答曰魚某也。即馳訪文貞。請見卷稿。文貞辭以失落。乃於座上寫以示之。其賦稿中。故落緊要四五句。西河愕然曰。如許賦而作壯元可怪。文貞遂添寫四五句。西河三復曰。眞不及也。還舍坐厠遽謂小奴曰。魚某之賦果佳矣。盖西河之初約者。欲以此給文貞而爭其壯元也。於是儕輩。知西河用心之譎也。

李文順見衆雞啄虫。惡而斥之。因作詩曰。朱朱公。好啄虫。予不忍視。斥勿使邇。汝莫怨我爲。好生本自期。我今退老踈散。不卜朝天早晏。豈要聞渠聲報曙。貪眠尙欲避窓明。自註云。自三言至七言。盖法李太白三五七言之詩也。魚文貞公詠菊詩。菊菊。兄松。弟竹。挹夕露。承朝旭。粲粲英英。芬芬郁郁。霜葩耀晚金。雨葉滋晨玉。開三徑望南山。溯一潭追甘谷。晧芳自可制頹齡。隱逸還堪醫薄俗。香魂不滅宛舊精神。色相猶存本來面目。烏帽落時更。看揷一枝。白衣來處何嫌酌數斛。物既合潔其操自然而眞。人爭播咏於詩愛之誰酷。自註云。自一字至十字。盖又法文順詩。而添其體格也。

稗官雜記一終

稗官雜記二

成化丁亥。吉州人前會寧府使李施愛謀叛。殺其節度使康孝文等。遣其黨賫書來 達。命龜城君俊爲都摠使。右贊成曹錫文爲副。往討之。余祖襄肅公諱世恭。時爲左承旨。 命超階嘉靖。代申㴐爲咸吉道觀察使。公在途。咸興人又作亂。殺前觀察使申㴐等。亦施愛之謀也。公入安邊府。人民逃散者什九。至咸興府。無一人延候者。出巡野外。民家皆空。往往逢人。皆走伏草間。輒招呼曉諭曰。知朝廷討叛賊施愛而已。於汝人民無預也。其各安業如故。仍給農粮使相曉解。或謂公曰。刺客可畏。不可不備。公曰。若設兵衛。益生民疑。只率吏輩數人而行。一日獲賊黨韓崇智。諸將欲稟 朝廷。公抗議曰。軍中之事。制在主將。且咸人如崇智者非一。莫若速斬。以孤其心。以斷羣疑。遂斬于門外。咸之軍民欲免其罪。爭寫首亂者姓名。投于都摠使。公曰。不可盡誅。遂焚其書於軍中。反側者乃安。官軍鎭洪原縣。夜間賊來襲。都摠使欲移陣避之。公曰今入賊境。人心危疑。主將若動無敵自破。我軍雖少皆是精銳。安可示弱乎。乃止。明日都摠使又聞賊要夜襲。欲退陣咸關嶺。公不可曰。大軍在賊後。賊必不來。縱使之來。彼此夾攻爲我擒矣。今若夜行。賊必來截。其敗也必矣。遂止。明日踰嶺。賊果伏兵。欲截輜重。官軍逐之乃遁。其臨危料事。如此賊平。分咸吉道爲南北。而移公爲北道觀察使。遂安北方。時年三十六。

李施愛將叛。使其黨轉語愚民曰。下三道兵。水陸並進。平安黃海之兵。踰雪嶽嶺。欲盡殺本道人民。又造海賊現形之言。觀察使吳凝亦信之。移文各官領民登山。民益惑之。及其叛也。聲言本道節度使與諸鎭將同謀叛逆。遂殺節度使等官。及軍敗奔吉州。其麾下尙不知施愛之叛。吉州別侍衛許由禮。自京從官軍以來。潛入吉州。說賊黨旅首李珠。使入賊中諭麾下以施愛叛狀。遂與甲士李雲露黃生等執施愛。縛送于官軍。是時施愛雖已窮蹙。其擒獲之功。實賴由禮珠二人也。

奏本題本之式。雖載於求政錄。尙未詳其所以別也。株子之語。尤不可曉也。近得葉盛所著水東日記。有曰國朝之制。臣民奏事稱奏本。用長紙。字畫必依洪武正韻。其後從簡便。改用題本。題本則不然矣。然題本在內衙門公事。若在外並自陳己事。則仍用奏本。　宣皇每呼本爲株子云。

簇子上邊。貼兩條白紙或白綃。本國未知其義。蓋其初只貼上端。使之飛動以防燕泥。名曰飛燕。後簇工連貼下端。因爲故事。余嘗赴燕。覽霏屑錄。云然。

唐太史皐鳴緣江憶藩京諸君子詩一聯云。朝飛木蜜旆。夜泛漢江楏。跋云。木蜜樹名。卽所謂南山之杞也。疑山以有此木名。不知是否。若作木覔。亦於詩句無碍。但恐山。不肯爲我受名耳。盖漢音蜜覔。聲相近。故太史疑之。

我國文廟制度

文廟之制。中國則塑像。本國則用位版。唯開城平壤二府之學。安塑像。亦元時自中國來者。嘉靖丙戌年間。 皇帝令天下毁孔子及配享諸賢像。用栗木作版。又以爲孔子大聖也。無其位而尊以王號僭也。必不享矣。遂去大成文宣王之號。題位版曰至聖先師孔子之位。先是。 皇帝幸學將祭。立於壇上。若將拜者。鴻臚官唱曰。孔子魯國陪臣。遂止不拜。至是以爲旣尊以先師。雖天子亦當拜師。遂行拜禮。但毁像之詔。不到本國。故開城平壤之學。舊像尚存焉。今上朝萬曆間毁而用位版

自漢以來天子謁孔子行再拜至明永樂中始行天子四拜禮

俗傳。官府收巫稅布甚重。每官差到門叫呼隳突。一家蒼皇奔走具酒食以勞。乞緩程期。如是者間日或連日。苦害多端。適歲

時優人作此戲于　御庭。於是　命除其稅。優亦有益於民矣。至今優人尙傳其戲以爲故事。　中廟朝。定平府使具世璋貪黷無厭。有賣鞍子者。引來府庭。親與論價。詰其輕重者數日。卒以官貨買之。優人於歲時。戲作其狀。　上問之。對曰。定平府使買鞍子事也。遂　命拿來拷訊。竟贓罪。若優者又能彈駁貪汚矣。

正德已巳年間。有三嘉縣令。忘其姓名者。政頗貪酷。適病死將發柩。邑人貼詩於柩首曰。冥間五鬼虐烝民。帝使天羅殺毒身。從此閭閻愁怨絕。堯天舜日太平春。觀察使聞之曰。縣令固非矣。爲邑人者亦未爲得也。令訪捕作詩者。竟未獲。按此詩雖不工。亦可爲貪黷者之戒矣。

蔡懶齋壽　中廟初。著薛公瓚還魂傳。極怪異。末云。公瓚借人之身。淹留數月。能言己怨及冥間事甚詳。令一從所言及所書

妓

書之。不易一字者。欲其傳信耳。言官見之駁曰。蔡某著荒誕不經之書。以惑人聽。請寘之死。　上不允。止罷其職。

成廟朝。有儒生某。於試策。請建寺刹以禳災異。試官啓之。議于大臣。皆欲不問。　上曰。以儒生而倡此異端。爲罪大矣。命竄遐方。

姜木溪渾甞往嶺南。眷星山妓銀臺仙。及還駄到扶桑驛。先驅持寢具已過去。公與妓宿於驛舍。贈詩云。扶桑館裏一場懽。宿客無衾燭燼殘。十二巫山迷曉夢。驛樓春夜不知寒。又云。姑射仙人玉雪肌。曉窓金鏡畫蛾眉。卯酒半酣紅入面。東風吹鬢綠參差。又云。雲鬟梳罷倚高樓。鐵笛橫吹玉指柔。萬里關山一輪月。數行淸淚落伊州。至尙州方別去。公踰鳥嶺小憇。遇星山書生姓呂者。自京還鄕。公欣然共飮。裁書寄妓曰。吾與娘素不相識。接神交於千里之外。豈有宿緣歟。商山別後。薄暮到幽谷。虛館閒寂。簷溜玲瓏。挑燈兀坐。隻影徘徊。此時情緒不必言也。明朝踰嶺。澗水淙潺。山禽響苔。魂酸骨冷。不能爲懷。雖欲聞娘玉笛一聲。其可得乎。妓以公詩及簡作屛風。公素有筆法。醉墨交輝。若絆龍蛇。士輩之南行過是州者。莫不求見。因而饋遺。賴以自給云。

金領相詮祭其子曰。去年汝喪子。今年吾喪汝。父子之情。汝先知之。尙饗。只下兩語。而情詞具到。讀之可悲。

安知事琛靈岩郡徘徊樓詩。徘徊樓上月徘徊。客子徘徊亦怏哉。玉兎幾年仙藥搗。素娥何處鏡奩開。搖波散百東坡水。對影成三太白盃。直到夜深天似洗。好風吹送桂香來。一時以爲佳作。然東坡百太白三。本李文順語。以安又有昌寧秋月軒詩。其一聯云。搖波散作東坡百。對影眞成太白三。有何新語而屢用歟。

讀書堂舊有　內賜水精盞。濯纓金公銘其盞盤。其後又作序曰。盞初無盤。倩工造銅質。鍍黃金。銘盤面四周任熙載八分字凸。盤心書。　內賜讀書堂五字凹。姜士浩篆銘曰。清不沮虛能受。德其物思勿負。遂爲一時文士奇玩。不知何年爲典守者所竊。好事者常恨之。嘉靖年間。趙松岡士秀令譯士洪謙求買於中國。以補故事。

南止亭袞家于白嶽麓。其北園有泉石之勝。朴翠軒誾。每與李容齋荇携酒往遊。止亭以承旨。晨入夜歸。輒不得偕。翠軒戲名其巖曰大隱。瀨曰萬里。盖巖未爲主人所知。所以爲大隱。而瀨若在萬里之遠云爾。嘗大醉題詩于巖石曰。主人官高勢薰灼。門前車馬多伺候。三年一日不窺園。偷有山靈應受詬。又曰。主人有金玉。什襲豈輕授。緘縢固鐍守夜半。未信溪山移白晝。又與容齋飲于止亭。贈曰。昨過萬里瀨。偶逢春雪後。老兵失亦可。

猶幸得吾友。溪山自靑眼。禽鳥如相訹。擧盃聯好詩。未覺日己西。松間聞喝道。幽趣忽鹵莽。迫則斯可耳。寧使踰墻走。相持還劇飮。蒙未辨誰某。坐見玉山摧。旁人爭拍手。

中松溪用漑爲大提學。過止亭。南公飮酒酣。松溪把盞呼韵曰。子能賦此則便以衣鉢相付。止亭信口吟曰。楊柳陰陰欲午雞。忽驚窮巷隘輪蹄。爭瞻風裁空鄰舍。未具盤筵窘老妻。乘興但知傾藥玉。忘形不省挽鞓犀。沉吟欲賦高軒過。鄭重荒詩未敢題。松溪嗟賞久之曰。衣鉢有歸矣。後止亭果代典文衡。

近代武臣之能詩者。不過數人。然皆不可觀。唯朴撝謙少時在中文忠公幕下。有詩曰。十萬貔貅擁成樓。夜深邊月冷狐裘。一聲長笛來何處。吹盡征夫萬里愁。後題興德縣培風軒曰。屹立亭亭萬仞峯。峯頭高閣迥臨風。地連蓬島三淸界。人在瀟湘八景中。雲帶山腰橫縹緲。水涵天影接空濛。忽看遠浦歸帆疾。

道遙連漢水通。武弆中有此作。未易得也。

安東金海二府之俗。每遇正月十六日。聚居人。分爲左右。投石爲戲。以較勝負。正德庚午。倭賊來寇。防禦使黃衡柳聃年等。募二府善石者。爲先鋒。遂大破殲之。

淫祀

清風郡人。舊得木偶人以爲神。每歲五六月間。奉置公館。大張祀事。一境坌集。金僉知延壽爲都。收捕巫覡及首事者杖之。火其木偶人。妖祀遂絕。

淫祀

宋判書千喜性剛果。嘗按嶺南。有巫自稱佛弟子曰。我能使病者愈死者生。一道信其術。咸傳。客之務充其求。至有破貲而不憚者。公聞之怒曰。彼敢肆其妖於吾地耶。捕致之獄。杖殺之。一道肅然。後爲開城留守。府人多以屠牛爲業。官不能禁。公視事。首立條約。犯輒不赦。其獘遂絕。及長刑曹。犯宰牛者。無問輕重。亦皆栲殺。人頗議其矯枉之過。

新羅聖德女主之詩。載於唐詩品彙。高麗人人參贊。載於本草。而三椏五葉背陽向陰之語。自唐以來。詩人多使之。李奎報金克己金坵李齊賢朴仁範李穀父子。本朝申叔舟成三問徐居正之詩。皆流布中國。近代又傳。本國之朝京者。求買東坡詩。中國人曰。何不讀貴邦李相國集乎。又傳。中朝鄉試錄。載金馹孫中興對策全篇。蓋竊寫於試塲。以欺有司也。以此觀之。本國之人才。中國未必輕少矣。

古稱。鸚鵡能言。永樂丁亥。欽差內使金壽等來。帝賜鸚鵡六籠。皆不能言。成化間。琉球國王遣使獻鸚鵡一隻。亦不能言。佔畢齋遇之於東都。作詩曰。珍禽隻影到東陲。幾件墻烏日夜馳。鳴咽只應非故土。婥娿還欲學癡姬。謂是鳥不能言 翠衿自惜菱花照。紺趾難辭玉鏁縻。爭似九苞丹穴鳳。不言猶瑞太平時。

老杜遺恨失呑吳之句。因東坡一夢。而知其以失於呑吳。爲遺恨江湖多白鳥之句。因使胥俗談而知白鳥之爲蚊。古今如此類者。何止一二。山谷雜詩云。古風蕭索不言歸。貧賤交情富貴非。世祖本無天下量。子陵何慕釣魚磯。史容註云。子陵高亢。皆世祖之量。有以容之也。若世祖有貧富交情之異。則嚴光豈慕此哉。余竊以爲不然。子陵之於光武。非唯有布衣之契。實年尊德卲之人也。一朝貴爲天子。不能禮之以師友。而顧以職事相屈。故子陵嫌其本無天下之量。掉頭而去。非眞慕釣魚者也。詩意如此信如史之所云。當曰若無天下量。豈下本無字乎。具眼者必能辨之。

劉賓客和韓退之岳陽樓。別竇司直詩。有觀津戚里族按道侯家子之句。屢質於人。皆曰。觀津即觀水之謂。按道即按察一道之謂。蓋言戚里之族侯家之子。或觀津或按道而來在座上也。余竊非之。按漢書。竇嬰觀津人。竇太后之從兄。故曰戚里族。韓

承文院

王信之孫說封按道侯。故曰侯家子也。今竇庠韓愈同在樓上。引竇韓兩人而比之。此正詩人用事之體也。世之强解。眞可一噱。」

魚文貞公世謙。以新來在承文院。走筆戲作金自貞先生贊。書于藏書閣下樑上。其詞曰。著作金公。名曰自貞。身雖在此。心則西京。西京謂何。有妓擅名。寤寐思之。誓願未成。焉遂其慾。惟點馬行。顧其字畫。旣拙且生。爰書謄錄。以求其精。三伏極暑。流汗川横。勤書不掇。廿紙爲程。窮日矻矻。不知疲瘦。友朋共吊。曰何勞形。托云提調。考察甚明。不得已耳。非敢營營。書之自苦。勤劬丁寧。嗚呼金公。病孽將萌。猶未悔止。不亦愚冥。人之有身。亦不可輕。庶節其勞。載逸載寧。莫習咨文。莫思箕城。守分隨緣。以保其齡。洛城佳妓。顏如舜英。紫陌長堤。王道平平。載驅載馳。以慰君情。其後凡新及第分館。使讀公贊一過。即令誦之。若未誦則加罰焉。故潛傳寫以誦。遂爲院中故事。

俳諧

楊誠齋。江梅端合先交割。春色如何未探支。唐太史詩。曾否金牛通隴蜀。有無風鶴駭荷秦。交割探支曾否有無。皆吏文中語。所謂以俗爲雅者。

凡爲守宰者。例籍民家果樹而收其實。其貪苛者。無問其歲之不結。取之必盈其數。民病之。至有伐其樹者。魚潛夫家于金海。見斫梅者。乃作賦有曰。世乏馨香之君子。時務蛇虎之苛法。慘已到於伏雌。政又酷於童羖。民飽一盂飯。官饞涎而齎怒。民暖一裘衣。吏攘臂而剝肉。使余香掩野殍之魂。花點流民之骨。傷心至此。寧論悴憔。奈何田夫無知。見辱斧斤。風酸月苦。誰招斷魂。又曰。黃金子蘗。吏肆其饕。增顆倍徵。動遭鞭捶。妻怨晝護。兒啼夜守。玆皆梅祟。是爲尤物。南山有楰。北山有櫟。官不之管。吏不之虐。梅反不如。豈辭剪伐。金海倅覽之大怒。將捕治其罪。潛夫逃之他郡。欲往依節度使朴武烈公元宗。病卒於驛舍。

嘉靖丙午。序班李時貞謂　賀至使金僉知銛曰。琉球安南二國。其冠服之制。與中國無異。而貴國冠服。獨異於中國。近日朝天宮演禮及會同館賜宴之時。御史及禮部諸官皆以爲。朝鮮不及於琉球安南二國。予力辨曰。琉球安南不知義禮。琉球則其俗無袴子。有同狗彘。來朝之日。二國之人。皆假着中國衣服。至若朝鮮。則有禮樂文物。凡天文地理醫藥卜筮算律之書。一如中國。衣服則有朝服公服紗帽團領。但其禮制少異而已。且服章有等差。堂上官乃紗羅綾緞。士庶人則皆不得着。非二國之所可比也。於是皆相顧嘆嗟。諸公之初所以指二國爲優者。徒以冠服之同於中國也。公輩還國。須告大臣。改其冠服體制幸甚。

南止亭作權校理達手墓碣曰。喬桐主之立十年甲子。將擧追尊之事。下百官議。于時酗怒方熾。忤旨者輒遭害。屍積于街。滿庭恟恟。莫敢立異。校理君憤曰。何可斬吾命而陷君於惡乎。議以爲不可。同列之士與御史諫官等義君言。皆如其議。主一切逐之。君半歲逮捕。前議者將寘于刑。君曰。倡議者我也。餘人無與。由是君獨僇于市。餘皆得全。君之被逮也。夫人鄭氏在咸昌。粒米不入口。懣則歠水而已。聞其死曰。我與之同穴則足矣。遂長慟而絕。嗚呼若君者。豈非古之烈士。而夫人與有焉。眞可謂節義成雙者也。

權柰判景祐。　成廟朝以監察充書狀官赴燕。譯官濫賫物貨。駅路騷然。其屬托之家。多聯權貴。公一切探索以　聞。苟托一布者。皆鞫子詔獄。　命超公三階。及爲正言。倡臺諫請黜任士洪。言甚抗直。士洪乘夕抵公。陽爲不知者曰。誰敢爲此論。公直答曰。惟我敢爾。士洪氣沮。不復出一言而退。其在弘文館。論廢妃雖有罪。不宜褻處閭閻。　上震怒。以爲陰附世子爲後日地。

命下牢獄。責詰備至。公詈不沮挫。開陳誠悃。援據歷代人主待廢妃事。言益剴切。 上乃霽威。只罷其官。

弘治甲子。燕山欲以非罪殺沈順門。問于羣臣。自三公以下。皆莫敢異議。成大諫世純曰。吾等職在諫官。安可默然而已。金獻納克成曰。官以諫官爲名。見人無罪而死。縱愛身不言。奈負國恩何。李正言世應曰。獻納言是。或曰。若不順旨。必與順門同死。終無益也。金與成談笑自若曰。死生大矣。各任其志可也。今日先死者。必吾兩人。次者正言也。遂啓其無罪之狀。燕山雖不聽用。亦不之罪。

朴希文爲病母刲股以饋。及母卒。廬于墓側。家貧常乞米以祭。其執爨負薪。皆親手不怠。爲人眞率少文。人問其事。則以實對。求見刲痕。則出以示之。於是譏議頗喧。以爲誇大其刲股之事以求名也。噫。刲股豈出於僞爲。不褒其善。而議其求名。非所謂成人之美也。

中國施褒孝列之典

旌門褒勸。古之典也。但中國於孝子則曰民人(有官則稱其官下故民同)某孝行之門。本國則曰孝子某之門。中國於節婦則曰故民某妻某氏貞節之門。盖婦必從夫。故舉其夫之官爵姓名也。所謂貞節者。謂夫死守節終身者也。至於烈婦特異之行。則曰故民某之妻某氏貞烈之門。本國則只旌曰烈女某氏之門。盖本國婦人皆能守節。必待特異然後旌門。故無節婦烈婦貞節貞烈之分。然其旌門之文。則宜效中國而改之也。

以罪挈家徙邊者。謂之八居。及身死纔葬。白丁官奴之無妻者。告官乞娶其妻。守令逼脅使嫁。雖良家子女。亦不免焉。夫寡婦雖不能強之以節義。安忍奪其志而使之嫁乎。傷風敗俗。莫大於此。守令不知其非。方伯不知禁戢。可歎也。

孝

司鑰趙於玎孝於其母。母死。哭泣盡哀。朝夕精潔以奠。及服闋亦然。事聞　中廟。命旌其家。後曲事金安老。所言輒聽。凡罹罪辜者。賂趙則必釋。安老敗。流趙於北邊。及蒙宥還京。又有罪栲死。古諺云。行百里者半九十。言其末路之難也。可不鑑哉。

唐呂恭持部中盧父墓者所得石書。將聞於上。柳宗元與書止之曰。言植松鳥擢之恠。而掘其土得石。不經難信。夫僞孝而奸利。誠仁者不忍擿過。恐傷於敎也。然使僞可爲而利可冒。則敎益壞。毋出所置書幸甚。嘉靖初年。有私賤李良童者。以孝聞於里閭。賂管領使吉南部。又賂部官。求轉牒禮曹。部官惡之不聽。過數年。竟牒禮曹。旌門復戶。將具牒。良童欣然取牒紙於家。冀速其事。其意不必慕孝子之名。實利其復戶也。後傭作其部書員。招權乾沒。貽弊閭閻。卒以杖死。噫孝子之褒。亦以賂得。錢神之論。眞不虛矣。

俳諧

嘉靖辛巳。武人河挺妾姜氏。守節不貳。斷指自誓。後其母潛令人逼娶。新婚之眷。及重於舊。常同處香帷。不啻若交頸之鴛鴦。人皆嗤之。鄭湖陰作姜節婦行曰。宜春之縣。無等村。有女姓姜稱淑美。門譜雖然無外家。郞罷夙世躋膴仕。田園雄據鼎水北。家人千指被羅綺。姜娥天賦蕙蘭質。綠鬟丹臉仍皓齒。蘇娘錦字工宛轉。薛濤華牋富詞理。阿孃密奉阿母護。閫外不曾閒繡履。媒媾浪費青鳥使。幾年擇對深閨裡。岳牧爭調不點頭。自許竟歸河氏子。河生縱由武階進。納交盡是知名士。自謂高官若拾芥。郡齋養客耽書史。那知竟坐主通禍。家破身戮爲世累。姜娥泣血誓天地。有如奪志期一死。親携夫骼妥山阿。子然被經無所倚。慈母勸止親黨憫。語不及耳輒驚起。有甲利財挾勢誘。忍取銀刀落纖指。羅衫殷血紛滴地。承以栗尾書滿紙。陳詞墓前哭撤天。聞者怖愕來雲委。氓庶咨嗟縣官嘉。令女共姜擬可企。有娣亦寡欲再適。感起不作家聲恥。何知母性喜售女。陰結惡少逞奇詭。黃昏屏息後閣子。伺女就房令逼邐。揚言老媼事幾人。乃遺汝翁來家此。紛然眼前列汝曹。享有光榮莫我似。人生一世塵寄草。汝縱立節誰復喜。女聞斯言心忽回。昨非方知悟今是。甘心似爲力所扼。通宵夢結鴛鴦被。翻思舊主欲輸忱。傾瓶已作難收水。長遭啞笑妯娌間。醜言播耳忽唖鄙。新婚反供嚙臂盟。一日睽異情難已。節行居然變淫行。河間有靈羞與擬。殘肢效死始何心。片言毀節終奚事。會之挺身鬪强虜。辨命碎腦存趙祀。終然折趙欲歸虜。若得誅心同犬豕。聖人所以貴終功。九仞虛簣宜審始。怹歎聊爲節婦行。庶使觀者爲鑑砥。

使臣

嘉靖癸未。賀正使中判書公濟。管押使孔僉知世麟等辭朝之日。書狀官金紀以下十三員。皆不祭。禮部論奏曰。通事金山海旣受　國王差遣。自合遵行禮法。夙戒吏衆。致勤朝祭。却乃玩法偸安。不行預先戒諭。致令各吏怠惰。辭朝數少。事屬有違。法難輕貸。云云。又移咨本國。 中廟震怒。推治一行人員。盡革其職。朝京使臣之怠於朝謁者。可以知戒矣。

藥材之不產本國者多矣。每於使臣之朝京。遣醫官二員。賚價買來。牙行之人。售僞射利。如蘇合油藿香獨活乳香射香。最爲非眞。嘉靖丙午。 中廟移咨禮部。請當官和買。尙書夏言等奏。令太醫院熟試藥品。醫生一名。當官辨驗。然所謂醫生者。與彼通同。卒不賣其眞正者。

遼東之人。被擄於達子者。多向本國兩界出來。輒解送于都司。都司轉呈于廣寧都御史。都御史於歲終類奏。今 皇帝再降勅褒奬。自甲午年間。咸鏡六鎭城底野人等。買被擄漢人於深處達子。獻於邊將以求賞賜。 朝廷難於不受。遂賞其人。而解送人口於遼東。其後野人利其賞賜。買來不絕。其賞賜之物。及驛路煩費甚鉅。於是令邊將却其獻。弊遂絕。

遼東東三十里。有都督僉事王錦之墓。其碑碣羊馬之制甚備。本國使臣例往觀之。守墓之人。至索人情。余告一使相曰。王錦一將官。而神道之具。不足爲壯觀。今使者冠蓋。絡繹於墓下。是大貽本國之愧。請勿往也。使相笑曰。汝固生於蛙井。安可愧此。」

中廟初譯使曰。遼東都司見本國咨文曰。汝國吏文不可曉。何不以文字作咨文來耶。後來譯使相襲此言。至謂大小移不必用吏文。余按本朝謄錄。文詞甚明。中間使字。雖時有一二未合於體式者。安有不可曉之理。無乃其時譯使陪使臣立於都司。忽聞大人有言因其譯語生澁。誤傳以此耶。是未可知也。

光廟朝。英宗皇帝勅諭曰。王國詩書禮義教。傳習有素。表箋章奏與夫行移吏文。悉遵體式。云云。又嘉靖十三年。尙書夏言奏云。朝鮮國文字明白。云云。是何與譯使之言不同若是哉。余以職事赴燕者。前後凡七。遼東及禮部覽本國文移。未嘗有難曉之色。嘉靖丁未歲。奏聞使宋同知純。以門禁事呈文于禮部先一日。提督官取而見之。謂譯士曰。不須喋喋。我見此文。已知首尾。又車夫竊譯使李順宗行李。令余作文呈于提督。李棠讀之。連稱正好者數三。乃曰。莫是此處人所做耶。此二事余之目見。所謂汝國吏文不可曉者。尤不足信也。

崔溥

成化丁未。校理崔溥以濟州敬差官。奔父喪而來。遭風漂海。泊于台州。備倭指揮等官轉送杭州。差官伴送到京。禮部奏准解送。其後濟州之民。漂到寧波府。轉解完聚者。至六七起。本國輒遣使謝恩。嘉靖丁未。余隨奏　聞使赴燕。有濟州人金萬賢等六十四人到館。蓋亦漂海到寧波府者也。其中遭風再到者五六人。伴來指揮楊受曰。自杭州抵京師。水行一萬餘里。沿途驛站。多是彫殘。余以微官帶六十四人。船隻口粮。不能齊一。或留一二日。金萬賢等羣聚奮杖。辱打驛官。驛中管事之人。恐懼逃竄。余雖勸止。終不聽許。首尾兩箇月餘。到處皆然。不意禮義之邦之民。生梗至此也。初聞楊指揮之言。未之皆信。及至回程觀其沿路所爲。果如楊言。夫濟州在極海之南。未聞漂海生還。若近世之數也。爲牧使者。容易給引。其乘船者幸其漂到中國。不候順風。此所以漂海之多於古也。然杭州一帶。既受其弊。安知邊將不指爲賊倭而斬馘之。又安知驅而逐之。任其從海道復還乎。金萬賢等曰。若有三五斗之米。數甕之水。雖値颶風。不數日便達于寧波府。何患之有。漂海之弊。將不止。

歌詞之體。與律詩不同。律詩以上下平聲爲平。以上去入聲爲仄。歌詞則四聲各有其職。而仄聲相不通使。蓋歌永言也。聲之清濁高下。井井有條理。不可混也。若混之。則雖使綿駒唱之。亦不能成音。鎰齋久游中朝。頗曉其體。所作亦多。未知果合於中國否也。其餘作者皆苟而已。成化年間。四佳徐公和祈郎中歌詞。郎中謂譯士曰。此詞不中聲節。何。對曰。本國語音殊異。安得同其聲節。郎中默然頷之。嘉靖丙午龔雲岡與吳龍律。作小詞數腔。問遠迎鄭湖陰。何不見和。湖陰荅曰。歌詞非律詩之比。小邦聲韻逈別。若强效則不成其體。故不敢作也。雲岡終恠之。然與其作而取譏。孰若不作之爲眞。况聲音之不相通。豈足爲愧乎。」

吳給事希孟過臨津。作雙韻縱魚歌。韵强而語頗生澁。鄭湖陰走筆次曰。荆江赤壁在吾東。來遊詔使蘇仙同。桃浪初生容泛𦨴。入網松鱸與衛絧。厨人得雋恬不 活剝串炙洪鑪中。登盤指動共吞嚨。誰肯放爾溟波沖。龍津丈人偶然逢。推念萬物天同功。魚鳥潛棲在深崇。天機自在難羇籠。胡爲貪餌辭舊菰。穿腮喣沫盆水容。刀几誰憐尾鬣紅。孟公博雅心期沖。放生奚獨常州濛。此間有水清而洪。縱汝好隱藻荇叢。愼出莫犯漁人罿。龍門點額棄風。狆天地浩渺層霄空。先生有釵掛崆峒。超揖元

64

詩

氣淩沖瀜。餘力控此赤鱓公。斬蛟血染霜鋒雄。遂令四域無驚烽。普注霖雨回蒼穹。澤被海外作時豐。豈徒此魚恩私融。終期贊翊在天龍。收功咸若民無恫。吳與龔雲岡覽之。歎曰。眞高才也。

東國無猿。古今詩人道猿聲者。皆失也。嘉靖丙午。王行人鶴遊漢江有詩曰。綠尊隱泿浮春蟻。長笛吹風嘯暮猿。大提學駱峰申公和之曰。漢水即今逢彩鳳。楚雲何處聽啼猿。盖乙巳夏。張行人承憲奉　詔命而來。駱峰送迎江上。今聞出使楚國。故下句云耳。押啼猿字而無斧鑿痕。最爲警絕。

曹適庵伸嘗赴燕京。與安南國使黎時擧。作詩酬唱。至數十餘篇。黎詩一首云。三韓見說景偏殊。鴨綠澄澄水色秋。知是江山詩思好。還將句法效蘇州。適庵次云。嗜魚熊掌味何殊。我愛君詩淡似秋。温李只要誇富艷。平平端合學蘇州。黎以押蘇州字犯唱韻、非和詩體。贈書識之。又贈一首曰。馬辰遺俗古人殊。世代相移幾度秋。耨薩名官何意義。知君禮制異中州。適庵以書答之。畧曰。病餘思涸。甘心屏退。梯衝舞於前。而處女自守。君見淮陰之走水上軍。毋發趙人笑也。異日竢身健。當相就爭長詩壇。試觀老子據鞍顧盼也。幕中之籌。無容惜焉。耨薩本是方言。古之雲鳥。名官何義哉。交趾豈駢拇之義耶。黎復書畧曰。君以淮陰自居。以趙人相待。僕則以爲不然。彼淮陰之背水陣。正用兵法中紀律取勝。今君蹈襲唱詩徑用之韻。以兵法律之。則君失伍離次甚矣。將見棄甲曳兵而走。何暇據鞍顧盼哉。大丈夫磊磊落落。墨甲筆鋒。千軍一掃。焉用幕中之籌。他日貴體安健。幸一相訪。謹命壇夫。嚴設旗皷以待。交趾本一郡也。郡之北有南交闕天阯山。故名郡以交阯。後誤以阯爲趾。無怪乎君之承訛也。」

高麗恭愍王時。司天少監于必興上書言。我國始于白頭。終于智異。其勢水根木幹之地。以黑爲父母。以青爲身。順土則昌。逆土則災。今後文武百官。黑衣青笠。僧服黑巾大冠。女服黑羅。又於諸山。栽松茂密。凡器用鍮銅瓦器。以順風土。王從之。今之僧服女服。栽松器用。皆襲其舊。但百官青笠。不知自何年改也。

衣服

中國衣服制

中國之人。衣長袖口。皆有其制。大明會典具載焉。嘉靖丙申。詔使將到。朝廷議依會典。正其衣服長短。衣袖濶狹。量著其條。布告于下。至癸卯歲。載於後續錄。其文曰。大小人員。勿論文武職。表衣前則去地三寸。後則去地二寸。袖長過手。復回到肘。袖擔廣一尺。袖口七寸。庶民表衣。前則去地四寸。後則去地三寸。袖長過手六寸。袖擔廣八寸。袖口五寸。裡衣亦以此遞減云云。然人情樂舊厭新。又無糾禁之者。唯宰相朝官。畧依新例。其餘皆踵舊而已。

學官

嘉靖乙酉。南止亭啓 中廟。設吏文學官。其制講經史中三書。

試詩賦論各一篇。員以六爲額。辛丑歲。金慕齋建議改曰。漢吏學官。以七員爲額。謂之實官。又設預差三員。其初設也。余以不才。忝與其列。數年之後。諸僚皆能成才。凡製奏咨。輒白手走筆。亦可謂不尸其祿矣。

學官

崔同知世珍。精於華語。兼通吏文。屢赴燕質習。凡中朝制度物名。靡不通曉。嘗撰四聲通解訓蒙字會以進。又奉　敎諺解老乞大朴通事等書。至今學譯者。如指諸掌。不煩尋師。自　中廟中年。凡事大文書皆出公手。嘉靖丙戌。以吏文庭試第一。　特陞堂上。己亥又試第一。　特加嘉善。南止亭　啓。設吏文學官。使受業於公。余於同僚中。最年少學淺。謬蒙公許可。每勸勉不已。數十年來。粗解體式。不被譴責者。實賴公敎誨之力也。

科

嘉靖癸未。　中廟幸學庭試。鄭蕃中第二名。已着青袍。將賜紅牌。徐大諫厚論其世系頗微。遂脫袍黜之。蕃上疏訴寃。事下禮曹。竟不得伸。後南止亭　啓。補吏文學官。辛卯歲。　中廟命授司謁。每出直。　賜酒令醉。或　賜表裡。一日賜黃柑一盤曰。聞汝有親。其往遺之。嘗出　御題。論賦排律短律十餘篇。限一日製進。又示倭人所獻小畫十幅。　命逐畫制詩以進。未幾言官啓曰。鄭某業吏文旣成才。司謁非其職也。遂　命還差學官。然竟拓落稗官。以至白首。豈非命乎。

李琨介叔自號天諒子。　中廟潛邸時。進講孟子。　中廟卽位。特賜原從功臣一等。嘉靖庚寅年間。授內需司別提。時天諒已老。　上問其子婿之數。　賜酒於差備門外。其後出　御題。令賦律詩以　進。不時賜酒者無數。雨露之　恩。亦可謂大矣。天諒博極群書。老而不倦。嘗寄余詩云。門麾市井之間子。力討商周以上書。又癸巳歲。余赴燕京。作詩送行。其末句曰。試向金臺勤問訊。中朝亦有錮人無。余與天諒同病者也。讀之不覺一歎。」

嘉靖庚子夏。慕齋金公　啓。設纂集局。撰吏文諸書輯覽。以崔同知世珍尹叅議溉尹僉知溪爲堂上。以吏文學官掌其事。吏文續吏文。則鄭君陳柳大容李景成。及余昆季等五人雜就之。于公奏議則柳大容主之。駁稿奏議擇稿則余主之。未幾尹叅議出按忠清。尹僉知出倅延安。崔同知獨專摠裁。明年辛丑春書成。命書局印出。凡吏語及中朝大小官制之見於各書者。註釋頗詳。開卷了然。殆所謂如客得歸者也。但其間有一二牽强處。又未詳者若干條。其後屢往中朝。頗有所質。惜其纂集之不在於今日也。

學官

經濟六典有漢吏科。其制殿廷唱榜。　賜紅牌遊街。撰經國大典時。删去其條。嘉靖辛丑。金慕齋建議。復設漢吏科。初試分二塲初塲試賦詩各一篇。終塲試吏文一篇。啓上書中一篇。會試分三塲。初塲講吏文中二書。四書中一書。三經中一書。漢語中一書。經書則皆抽簽背講。中場試表箋中一篇。記頌中一篇。終場排律一篇。吏文一篇。額數則只三人。其試官查技同謄錄封彌入門搜挾等官。及棘圍之制。一如文科壬寅秋設初試。余與僚友俱中焉。會慕齋卒。朝廷方斤正各年受　致。撰後續錄。其漢吏科一條。刪去不載云。

畫

近來士子之工於畫者最多。山水則有別坐金璋。士人李蘭秀妻申氏。學生安瓚。翎毛雜畫則有宗室杜城令。草虫則有正郎蔡無逸。墨竹則有縣監申潛。此其最著者也。

畫

李上佐者。士人某之奴也。自幼工畫其山水人物。冠絕一時。中廟特命贖之。令屬圖畫署。及　中廟升遐。畫　御容。嘉靖丙午。又圖功臣眞。遂叅原從功臣。若上佐者。亦可謂奇遇矣。其子興孝亦善畫。以寫　明宗御容。付軍職。筆法慕金禔云云。

奴婢

燕山朝。有一士人之奴。投托於內嬖綠綉之家。謀去其主。及反正。其主掘地數丈。縛奴立於穴中。從底築土。奴訴哀號泣。築及腰。知不赦。辱罵無數。遂覆土而止。李漢平誠彥之奴。以匠手供役于內。一日持告狀訴于中官。中官呵禁曰。陷主於大罪。汝尚忍耶。潛以告狀送公。未幾燕山廢。公哭曰。君失其道。上下更亂。僕隸之惡。安可責也。但於我大義已絕。不可更奴於我。遂以奴與其婦兄。叛主之奴。罪固當死。而度量之不同如此。

縣監安仲孫。淸貧自守。有古人風。未第時。家于嶺南。躬自耕鋤。以養其母。一日柳都事禮臣。往訪其居。騶從甚盛。安在田間。葦笠短袴。荷鋤而至。露坐門前。呼濁酒以勸。其眞率如此。

進士李鼈字浪仙。燕山戊午。母兄黿以佔畢齋門弟。竄于羅州。相與泣別于郊。自是不復赴擧。家于黃海之平山。名其所居堂。曰藏六。常騎牛載酒。携鄉社耆老。或釣或獵。哦詩酌酒。日暮忘返。每飲而醉。醉而歌。或涕泣以悲。雖妻妾僕隸。亦怪其所以。病革。遺命不擇地。葬于前麓。嘗作放言詩曰。我欲殺鳴雞。恐有舜之聖。雖不欲殺之。亦有跖之橫。風雨鳴不已。舜跖同一聽。善惡各孜孜不鳴非雞性。其詩藁若干卷。及所製歌詞六章。行于世。」

本國科擧。舊無講經之制。雖式年。只以兩塲製述。取三十三人。其後每於式年。臨時或講或不講。而講經居多。自　成廟初。始定式年講經之法。別試則無定規。或講或不講。而其講書之時。亦只講經書中兩書。或取畧以上者。或取粗以上者。此其大槩也。嘉靖辛巳。別試　命停講書。取趙世瑛等若干人。一榜多幼學且年少。魚執義得江　啓曰。取人之法。徑術爲先。今別試中第者。皆年少子也。請自今雖別試。例令講經。及過六七年。榜中之人。多以才望擅名於世。魚公之必拘以講經。亦可謂挾矣。

古人以文叙事。謂之記。至宋朱晦庵始有遊衡嶽錄。本朝佔畢齋有頭流紀行錄。李青坡陸有遊智異山錄。蔡懶齋壽俞潘溪好仁皆有遊松都錄。南秋江孝温有遊金剛山錄。金濯纓馹孫續頭遊錄。鐵城李胄有金骨山錄。遂爲文章一體。

嘉靖丙申歲。余隨遠迎使退休堂蘇相公。留義州。公欲次聚勝亭暉字詩韻。呻吟良久曰。諸公多押落暉夕暉斜暉暮暉朝暉。重疊不工。今得一句曰。澄江如練謝玄暉。似不襲舊押。而難其對耳。余對曰。山谷有霜月掣金蛇之句。若曰霜月掣蛇黃太史。則似可矣。而但山谷之句。未及澄江凈如練之膾炙千古也。退之詩云。新月似磨鎌。以此對彼何如。公曰果矣。遂吟曰。新月似鎌韓吏部。仍賦全篇。時適望後。嫌非新月。待後月初。寫以示人。因公遞來。未懸於亭。

丙申歲。余在義州。侍退休堂蘇相公夜坐。看唐皐皇華集。余曰。容齋漢江詩。縹紗三山看覆鼎。逶迤一帶接投金之聯。極佳。公笑曰。汝誠具眼。此我之所作。容齋適多事。使我代賦耳。覆鼎投

金之對。果爲天成。雖荊公復生。亦無愧矣。或曰此實容齋作蘇擴爲己作無恥甚矣

崔岦齋淑生。義州聚勝亭詩。馬蹄西海到窮陲。百尺危亭近紫微。且倚雕欄看勝景。不致珠箔障晴暉。江横鴨綠兼天淨。柳暗鵝黃着雨肥。忽憶玉堂身萬里。蓬萊何處五雲飛。退休蘇相公令余讀題板。至此篇。公點頭曰。此老詩可謂成章。然曹梅溪偉詩。雄藩自古壯邊陲。新搆華亭對翠微。絕域雲烟來醉眼。層城花柳媚春暉。山圍廣野青如畫。雨過長江綠漸肥。叵耐登臨還望遠。歸心日夜正南飛。以余管見。曹詩豈下岦齋哉。

先人有舊傳經驗方一卷。其中有變牡丹法一條云。以牛糞埋於白牡丹根下。則變成肉色。或埋於肉色根下。則變成紫色。芍藥亦然。徒見其文。而未之試也。先人嘗種肉色芍藥於墻下。嫌其地瘠。一日掘其根之四方。可一尺許。而塡以馬糞。明年開白花。取其根陰乾去皮。則潔白無比。可以劑藥。然方云肉色變成

紫色。而今所變者白也。無乃牛馬二糞其效各異耶。紫白雖殊。而要之變其本色。其方亦可謂有驗云。

嘗閱本草有曰。人見蛇足則云不佳。以桑薪燒之則足出。無可怪也。余少時嘗在山寺。偶欲洗頭。燒桑柴於庭。適見壁上。有蛇跂跂。取而投庭。轉入桑爐中。回環良久。遂出四足。如蜥蜴狀。但赤膚無鱗。噫方書之果有徵也如是夫。

嘉靖乙未。吏科左給事中陳侃等奏曰。臣等奉命往琉球國封王。及回。夜遇颶風。將大桅吹折。須臾舵葉又壞。舟人哭聲震天。大呼神明求救。臣等亦叩首無已。忽有紅光若籠燭然者。自空來舟。舟人驚報曰。神已降矣。吾輩可以生矣。舟果無事。翌日一蝶飛繞於舟。僉曰。蝶質甚微。在樊圃中。飛不百步。安能遠涉滄溟。此殆非蝶也神也。或將有變。速令舟人備之。復有一雀。集於桅上。雀亦蝶之類也。是夜果疾風迅發。白浪拍天。風聲如雷。而水聲助之。臣等衣服冠而祝曰。當此風濤中。而能保我數百民命。則其爲奇功當爲之立碑。當爲之奏　聞于上。言訖。風少緩。舟行如飛。徹曉已泊閩之山矣。臣等已致齋設醮。修廟立碑矣。但奏　聞之言。既出于口。謹摭顚末。上瀆　聖聽。禮部覆奏曰。國朝嶽鎭海瀆類皆有祀。祭法云。能捍大患則祀之。在典禮則固然矣。今陳侃等奉使海外。屢遭風濤之險。卒獲保全。是亦禦患之意也。乞令致祭。以荅神休。

嘉靖壬午春。監試將揭榜。卜師金孝明占之曰。今年生員壯元乃草頭人。進士壯元乃木頭人。蔡無逸果爲生員壯元。而李榘爲進士壯元。

釋子以慈悲不殺爲道。西海有化粮僧。遇獵騎逐猪。猪盛怒而走。僧直前曰。可憐哉可憐哉。仍以杖指示曰。速向南去。猪奮牙擊之。遂死。

齊安大君琄。 睿宗大王之子。性驕騃。嘗踞其門限。見乞粮者。謂其奴曰。米雖乏。且食蜜餌之滓可也。此與何不食肉米之語暗合也。又以婦人陰戶爲汚穢。故終身不識人道。 成廟傷睿宗無後。嘗曰。有能使齊安識人道者賞。有一宮女。自請試之。遂往其家。夜半伺其熟睡。摸其腎莖。則正起立堅硬。即轉身合焉。齊安驚覺大吼。呼水淨洗無數。連叫陋矣。士人申遠之家。與齊安第連墻。申云。嘗見齊安從女侍五六人散步門外。一女侍小遺水溝。齊安俯身窺見曰。正如鷲巢。謂其陰毛之茂也。正德年。尙衣院 進犀帶。其品極佳。齊安遇於大內。遂帶於腰至差備門外。 啓請曰。此帶乞 賜臣也。 中廟笑而賜之。或曰。齊安非實癡也。若以 宗室之胄。有賢德之名。恐不能自全。故常自韜晦。夫男女之慾。與性俱生。人情之所不能遏。終身謂婦人爲汚穢而不近。則非實癡而何哉。

柳夢窩希齡甞選東人詩。名曰大東詩林。其序引歷詆吾東選詩者之失。且曰。詩不易作。亦不易選。盖以所選之無瑕。類自許矣。以余觀之。詩林之不可曉者甚多。姑擧梗槩于此。金時習近世奇男子也。雖佯狂爲僧。而心不在僧。况旣還俗。安可尋其舊而僧之乎。其失一也。魚無迹之詩。近代所稀。嫌其門地而不取。柳睡齋之作。孟浪無味。以其先人。而選之太多。其失二也。日本諸僧奉其國命。一來于京。目之曰投化。而收載其詩。其失三也。閨秀之詩。至不成章。而一切取之。其失四也。聚詩至七十餘卷。而李文順三首韻排律。挹翠軒題蚕頭錄後長篇。皆不取。其失五也。此其大者。其餘去取之失。不可勝紀。信乎詩不易選也。

柳夢窩大東詩林。載其先人睡齋宿樂生驛詩曰。日夕衆山暗。遠來投樂生。征驢吃殘草。老僕飯香粳。索枕背燈睡。把盃斟酒傾。時時呼長老。屈指問前程。夫征驢吃殘草。旣行李蕭索。老僕安得以飯香粳乎。既背燈睡。則又安有把盃之事乎。且把字斟字傾字。皆一樣意。尤可絕倒。只宿樂生驛。一箇日。而曰時時呼長老何也。驛隸非禪道之比。而指爲長老亦何也。屈指字。本漢書陳湯傳。屈指計其日曰。不出數日當有吉語聞。今問前程而使屈指字。亦未見之穩也。

辛上舍永禧。有祖父文僖公詩稿。人曰。子之家集。可以印行矣。荅曰。我祖雖有文名。而稿中所載。無一可傳者。豈可刊行乎。南秋江以爲孝。佔畢齋撰青丘風雅。載其先大夫詩只絕句一篇。取其稍可人意者。以傳名而已。近有柳夢窩希齡。編大東詩林。載其先人睡齋詩。至七八十篇。弟仁贍詩亦數十篇。噫多矣哉。使佔畢齋見之。未必不嫌其多。而南秋江見之。亦未知許其孝與否也。

嘉靖己丑。柳同知溥以賀節赴燕。還到遼東。聞達子聲息。告於都司。乞撥軍護送。都司令指揮一員。領二百軍以來。至湯站。令譯士謂指揮曰。此去義州僅八十里。不須煩軍兵護去。指揮曰。我受都司之命。護汝宰相。當送到境上。遂渡鴨綠江。設宴以慰。贈黃布等物。下至軍士。亦給麻布。其後湯站於使臣之回例差軍人一百名。謂之護送。輒貽宴享贈布之弊。

嘉靖乙未。賀至使某遣譯士李應星于鳳凰城。憩於道邊人家。有柩在門。驚駭而走。主人曰。死而就木。常理也。子何怪焉。嘗見貴國人在途病死。欲便於轉輸。截其屍爲二。用馬載去。可愕也。應星問帶去義州人曰。眞有是事否。曰果矣。但不記的在何年矣。夫截尸之事。雖無賴軍人之所爲。其時爲使臣者。不以是聞而罪之。豈可謂得使臣之職乎。

龔雲岡到東坡。謂譯士某曰。到汝　王府之日。多作花爛板兒。欲寫詩篇。譯士誤認其語。告於遠迎使曰。　詔使云。須多造空簇子云云。遂以此馳　啓。及到京翌日。以空簇子各十幅。呈于兩使臣。意謂欲見其墨蹟。欣然各寫記行詩篇以還。及西歸。復至東坡館。余與譯士洪謙同宿。呼燈撰次日記。洪覽多造空簇之語。謂余曰。其時我亦參聽。乃懸板非空簇也。明日私質於雲岡。果矣。

嘉靖癸未。日本内大殿使臣泊于中國寧波府。與後來倭船。自相殺害。本處備倭官領兵出來。倭衆與之拒戰。殺指揮一員。因泛海而走。有姓名藤原中林者。被獲於本國黃海之豐川府。又全羅道獲倭賊望古多羅。亦自寧波府奔敗者也。　朝廷差官。獻俘于京師。其後日本國每回使來。乞還藤原中林。蓋其黨之還其國者。備道中林見獲於本國故也。雖以已獻俘中國修書以報。其求愈數。其詞愈懇。己亥歲。金慕齋判春部。將中林等前後供辭。抄寫的當詞語。送于日本。且曰。本國誠心事大。獲此賊犯。義當爲獻俘。豈可得已哉。況望古多羅殺害本國邊兵。其犯又多。貴國亦當爲本國治其罪。況被獲於邊將乎。自此日本更不來救。蓋彼雖島夷。見此言有理而義之也。

醫之善治腫者。有金順蒙。自 成廟季年。針藥效者不知幾千人。 中廟特陞通政。後有錄事李孟亨者。亦以治腫名于都下。命授軍職。然其術不及金甚遠。近有金倘昆者。不解方書。見腫不論膿否。輒手針針之。嘗歷行諸寺。針病僧甚多。因而死者居半。猶命屬惠民署而祿之。 中廟嘗得風腫。諸名醫俱入侍。命倘昆點之。而 命朴世舉進針。蓋恐倘昆之麁妄也。

黍皮匠者。傳其法。不敎他人。蓋欲專其利也。嘉靖癸巳。金箔匠人金阿童。隨使臣赴燕。得學假金之法。以銀箔燻烟。遂似眞金。以之繪畫。或用貼紙。濃黃無比。但用乾草取烟。不知其何草也。按至正條格安西路馮直等。將銀箔燻作假金。裁線織造云云。

其制蓋久矣。後金阿童再赴燕京。多買燻草以來。貼金販賣因致饒富。法司欲廣其術。招而問之。不以實告。累加榜訊。竟死獄中。其意欲效黍皮之專利。而至於殞命。豈非冥頑之甚乎。近有別侍衛金遂良者。善治瘰癧。輕則傳藥使消。重則灸其四旁。合毒藥塗之。不數日肌膚濃潤。用鐵割其瘡根。每隔三兩日一割。至於一邊盡空。割既畢。貼膏生肌。遂爲平人。然常秘其術。不以誨人。其亦黍皮熏金之道歟。

世以金遂良能治瘰癧聯珠等瘡。余則以爲未必然也。余少也患頸間結核。至於數三。有醫見之曰。今不治後不可爲。余憂恐不置。常常捫摸驗大小。貼生鉛及十香膏者六七歲。逐年加大。且添小核。一日忽計曰。死生有命。何必執泥於藥。以苦吾心乎。遂去藥不治。過一年。其核自消。至今三十餘年。只有一箇僅認其形。早使遂良見之。則必欲施其術也。有姓名尹仁全者。以頸核示遂良。遂良治以其術。割去之時。截其脉路。流血不止。多至四五升。或連日。或隔數日。如此踰年。一身焦瘦。面色痿黃。自分以死。使不遇遂良。其瘡雖毒。何遽至此。況瘡不必毒乎。余意遂良之術。恐不如禹之行其所無事也。

士人洪守紀之婢。病帶下。踰一年。每發流數盆血。腹大如脹婦。一日產一血塊。如酒榼大。連圓莖在陰戶內。堅硬如石。以錐刺之。亦不入。稍挽之則痛不可忍。蓋接於五臟也。博問於醫。皆不知其何病。金順蒙曰。此恐冷氣成塊也。今以針割莖。則恐針氣入臟。宜以蠨蛸網絲結其莖。使之自絕。如其言試之。過數日。莖絕即死。

東國痘疫禁忌法

國俗。重痘瘡神。其禁忌大要曰。祭祀犯染宴會房事外人及油蜜腥膻汚濊等臭。此則載於醫方。蓋痘瘡如蚕隨物變化故也。世俗守此甚謹。其餘拘忌又不可紀。苟或犯之則死。且殆者十居六七。若沐浴齋請則垂死而復生。以此人愈信之至誠崇奉。至有出入之際。必冠帶告面者。瘡畢一二年。尙忌祭祀。雖士人未免拘俗。至於廢祭。蓋瘡神之忌。舊不如此。自近年加密。若又過四五十年。則未知竟如何也。

松都松岳山有城隍祠。俗云有靈異。京城富商傾家貲往祀。絡繹於道。每一祀費綿布輒數千。其酒食之辦。不在此數。一家有一歲一祀者或再祀者。如有疾病獄訟。則必曰某時祀神。饌具不潔。其時身染汚穢。乃更治且往祀于祠。及病愈獄畢。則曰果神之力也。父既死則曰。父死而子不繼。則神必怒也。遂踵而祀之。仍爲世業。又稍有財產者。以不能費財爲羞。至破業而不恤。甚矣妖巫之惑人也。愚民之費財。固所足慮。崇此淫祀而鼓動邪說。豈小事哉。

惡綿布。舊不許行用。中間或禁或否。近年專不加禁。其惡日甚。

一匹之布。僅十許尺。至有割半幅而成匹者。何怪乎物價之騰踊乎。貨幣之濫。莫有甚於此者。嘉靖丁未年間漢城府議欲禁之。以年饑。恐貽市肆之弊。姑聽其用。然民間解其布縷。改織稍細綿布而賣之。頗獲剩利。以此惡布之存留者無幾。若因此機。限半年以後。立法嚴禁。則後日之織造者。必不效其舊。庶可以革其弊矣。

東方舊不曉瀝青之法。 中廟朝。嘗遣漆匠。求學於中原。竟未傳其法。進士趙晟得唐本瀝青方。依而試之。與漆無異。其後又質於福建之漂來者。匠手漸遍中外焉。

前右相成公嘗撰食物纂要。嘉靖丙午余朝京。得食物本草一部。 大明盧和之所著也。甚辨博且簡切。若纂要者。殆可以廢矣。

庶孽禁清宦法

庶孽子孫。不許科舉仕路。非三韓舊法也。按經濟六典。求樂十三年。右代言徐選等陳言。庶孽子孫。勿叙顯職。以別嫡庶之分。以此觀之。永樂十三年以前。則顯職亦叙。以後則只許科擧正班而已。自撰定大典之後。始加禁錮。至今未百年矣。覆載之內。九州之外。據土地而以國名者。奚啻百數。而未聞有禁錮之法。況鄕吏水軍役之至賤。而猶赴科擧。語其內外世系。則初無本貫可據。或嫁流民。或娶逃人。誰能辨其良賤哉。以卿大夫之子只無外家。而世世禁錮。雖出衆之才。適用之器。終屈首死牖下。曾鄕吏水軍之不若。可憐哉。

中國官制

舊有好事者。取中朝官制。依本國從政圖。分其品級而升之名曰中國從政圖。只據官品之高下。而未解中國之制。至以吏部侍郎遷都督僉事。以左都督遷宗人令。若此類者不可勝紀。嘉靖癸巳。余隨賀節使赴燕。得礪志圖一本。文武各異其班。凡陞降賞罰。一依中朝見行之制。當寫標題曰嘉靖戊寅年。翰林著舊本。嘉靖壬辰歲。杏村校新圖。盖當讃僉温之所著。又作說曰。前輩作此圖。名曰黃粱。以其陞遷極品。率然可到。似乎一夢。此則近於戲矣。雖近於戲。而實寓乎賞罰。勃然其中。正德戊寅。得翰林改本于合肥韓上舍家。當時尤無定名。傳之江南。名公巨卿俊秀子弟。日相戲嬉。僉曰。可以礪人之志也。陞一級以級賢能。降一級以戒不才。如文擧生員儒士。皆登科甲而進取。可以勵人讀書也。武擧軍士。皆自征鎭而得功。可以勵人奮勇也。若夫陰陽醫道承差吏員。率由勤於職業。以取功名。駙馬一擲。雖出偶然。亦自祖功宗德。積累所致。況夫其間文武官員。公出爲事。皆有賞罰。無非欲人向上求前也。舊本致坊一擲。皆至極品。似無是理。故予改之。雖得印色不通元年通錄陞降。肯容驟遷文階。相與頡頏歟。予愧不才改名勵志圖。未知可否。姑刋行。以竢明達君子再校。

嘉靖辛丑歲。余隨賀節使赴燕。適武宗皇后崩。本國人員亦隨班。朝暮哭臨。一日尙早。假坐于社門之外。中朝之官。多來坐隙宇。有一吏。謂譯士洪謙曰。子能賦詩乎。謙曰。昨夜小雨。客懷無聊。偶成一絕。吏求見甚懇。謙書崔孤雲詩以示曰。秋風雖苦吟。世俗少知音。窓外三更雨。燈前萬里心。吏持去以示其官。於是爭遣吏傳寫。塡咽良久。至有持果茶來慰者。最後一人手持筆給謙曰。子其再賦。謙指余曰。彼亦能詩。其徃索之。遂求於余。余書紙曰。雕虫篆刻。本非壯夫事。况遭國哀。豈吟風咏月時乎。無已則有路上行紀。當以其中一絕句相示。其人曰幸甚。乃寫到湯站送人東還詩曰。松鶻山前路。君東我馬西。欲題家信去。臨紙意還迷。遂相顧傳寫如初。指豈吟風詠月時之語歎曰。眞知禮之國也。

仁廟即位。行人張承憲等來頒　誥命。行事之日。闕門外左山臺崩。觀光者多壓死。庶民喧傳以爲非吉兆。未四朔。　仁廟升遐。

嘉靖乙巳。京城有賤婦產兒。一身二頭。母兒相繼皆死。丁未有馬產人於路傍。但面貌稍馬。未幾死。其主棄之而去。或云。恐官府以交馬成胎。見問故耳。未知其必然也。

稗官雜記二終

稗官雜記三

李容齋詠朱雲詩。腰間有劍何須請。地下無人亦足遊。可惜漢庭槐里令。一生唯識佞臣頭。古今詠朱雲者。無此意思。雖置之唐宋集中。無愧矣。正德辛巳。容齋遠迎唐太史皐於義州。太史有畦畛。不輕言語。至定州。容齋於座上走筆。次飲酪四絕句云。柳下胸中定自和。休論酪性更如何。芳名得上詩人句。已比尋常酒德多。鹽梅今日不須和。奈爾殘膓眞性何。若使次公知此味。當時未必戒無多。一椀嘗來反太和。新詩得意妙陰何。若將麯蘗論優劣。一段天眞汝自多。香粳雪乳共調和。滋養功夫舍此何。熊掌從來非所願。子輿之論有誰多。太史覽之曰。眞老拳。嘉靖壬午年間。　中廟令弘文舘官製君臣圖像贊。書於各像之上。　命書局刊板。容齋李公嘗曰諸公所製贊。多譏貶語。大失楚體。其時遽有刊板之　命。未及抹改。可恨云。

黃叅判孝獻字叔貢。學問甚篤。爲詩文。必以西漢盛唐爲的。一時以爲強效古文。頗不許。余嘗客遊西海旣半年。與伯氏會于都下。公寄詩曰。文章歆二子。兄弟政難爲。不見未旬月。相思如渴飢。池塘成夢後。風雨對床時。借問牽春興。今朝幾首詩。其句格之高下。具眼者自能知之。

叅判黃公嘗曰。退之張徹墓銘曰。自申于闇明莫之奪也。晦翁以爲此銘隔句用韻。但闇明二字乙之。則韻自叶而義亦勝。以余管見竊謂。止明字爲句。則雖不乙亦可。蓋闇明即幽明。王導云幽明之間負此良友。語有自來矣。使晦翁可作。安知其不許余之僭越乎。

奇應敎遵字子敬。正德己卯歲直玉堂。有紀夢詩曰。異域江山故國同。天涯垂淚倚孤篷。潮聲寂寞關河閉。木葉蕭條城郭空。

野路細分秋草裏。人家多在夕陽中。征帆萬里無回棹。碧海茫茫信不通。聲調悲壯。絕似唐詩。不數月。謫咸鏡之穩城。其異域垂淚。河關城郭。野路人家。無回棹信不通者。一如詩中所紀。信乎詩之能識人也。

金沖庵竄濟州。作方生談牛島歌。正如鬼仙之語。余問駱村朴公曰。沖庵牛島歌何如。駱村曰。世間除長吉。安能有此作。所見與余同也。其詩曰。瀛洲東頭鰲柱傾。千年閟影涵重溟。羣仙上訴攝五精。贔屭一夜轟雷霆。雲開霧廓忽出。　瑞山新畵飛王庭。溟濤崩洶噬山腹。唅呀洞天深雲扃。稜層鏤壁錦纈殿。扶桑日照光晶熒。繁珠凝露濺輕濕。囊中瑤碧森列星。瓊宮淵底不可見。有時隱隱窺窓櫺。軒轅奏樂馮夷舞。玉簫窅篠來青冥。宛虹飲海垂長尾。麁鵬戲鶴飄翅翎。曉珠明定塵區黑。燭龍爛燁雙眼青。驂虬踏鱓多娉婷。天吳九首行跉竮。幽沉水府囚百靈。

邪鱗頑甲蒜風爬。太陰之精玄機停。仇池禹穴傳神蹟。惜許絕域訛圖經。蘭橈挐入攫神形。鐵留吹裂老怪聽。水咽雲暝悄愁人。歸來悅兮夢未醒。嗟我秖道隔門限。安得列叟乘風泠。

冲庵贈市隱朴繼姜二絕句。其一曰。看渠詩思入湖山。剛歷紅塵十丈頑。大隱從來非曲徑。市中壺日亦仙班。其二曰。懶倚紗窓春日遲。紅顏空老落花時。世間萬事皆如此。叩角狂歌誰得知。按下篇乃弘治年藍衣老人贈韓生之詩。非見秋江冷話。蓋必朴繼姜者。手軸求詩。公以詩詞意正合於朴。故聊與戲題耳。

余少時將往西海。探雲子呼酒餞行。即席作詞曰。山之中兮寂寂。君歸兮我未歸。溪之流兮洗君心。洛之塵兮緇我衣。其詞不甚高古。而老熟可喜。是時探雲子年僅弱冠。

曹適庵伸少有才名。成化已亥。隨通信使申文忠公叔舟往日本。蓋洪涵虛貴達蔡懶齋壽交薦故也。　成廟以御札出五題。

令製進。又　命六承旨。各出險韻以試。將行。涵虛作適庵賦贈之。後退居嶺南之金山。有詩稿五卷謏聞瑣錄一卷。其偶吟詩曰。三杯卯酒詑年稀。手拓南窓一詠詩。泉眼溢池魚潑剌。樹林遶屋鳥來歸。花生顏色雨晴後。柳弄腰肢風過時。誰道適庵無箇事。每因節物未忘機。自註云。用進退格。入詩酒林泉魚烏花柳等十字。

燕山君嘗作絕句曰。時許羣賢宴畫亭。閑憑花酒覺昇平。何徒爭喜鴻私厚。咸欲思忠獻以誠。又曰。重賢寬許會銀臺。春滿長途叱撥催。不啻醉憐閑夜月。歸牽歌管可重徊。適庵曹伸追次韻曰。撤人廬舍摠爲亭。採却青紅作運平。誅盡元勳屠諫輔。只留皂帽表忠誠。萬人駢死築葱臺。舞羅迓祥賜錦催。忸怩欲尋諸弟骨。却於海上暫徘徊。

海州首陽山中有孤竹君遺基。州南海中又有兄弟島。諺傳伯夷叔齊死于此。按隋書裴矩傳。高麗本孤竹國。雙梅李匡云孤竹國今海州。然大明一統志永平府西一十五里。有孤竹君所封之地。又府城西北有孤竹三君塚。又有伯夷叔齊廟。地誌相傳如此。不知隋書何所據也。

濟州厥初無人物。有神人。從地湧出。今漢挐山北麓。有穴曰毛興。即其地也。神人長曰良乙那。次曰高乙那。三曰夫乙那。高乙那之後高厚。清朝于新羅。號曰星主。歷高麗至本朝。高氏有登第致宰相者。正德中。高某補內禁衛在京。有李生以軍官回自濟州。高問曰見吾儕穴否。李答曰見而溺之矣。高默然。

世俗以不才偶中及第或生員進士者。謂之用蒸綱獲虎。洪觀察。叙疇贊成淑之子也。少年登第。放榜之日。韓判書亨允往賀贊成曰。公家蒸綱何能不朽乎。蓋謂贊成父子皆偶中科第也。然觀察不數年。選入玉堂。賜暇讀書。有盛名於時。豈可謂蒸綱獲虎乎。

董侍講作朝鮮賦數千言。龔雲岡著使朝鮮錄二卷。今北京書肆及廣寧等處。有發賣此書者。吾東風土及迎　詔接賓之道。始流布於中國矣。

前後華使之來。沿路觀察使必迎　詔于地界官司。至盡界而別。獨平安道觀察使迎　詔于安州。禮畢徑還平壤。蓋觀察使於平壤兼府尹。欲與下官迎詔故也。然旣爲一道主。而獨異其禮。實未穩於事體也。龔雲岡撰使朝鮮錄。其記沿途諸官迎送之禮。乃曰。平安道觀察使候迎于義順館。至大同館而別。蓋雲岡一時誤記。或心非其事。而欲著定例也。其後行人王鶴之來。因言官之　啓。令平安道觀察使今後依使朝鮮錄例。迎於義州。沿途迎送之禮。始歸于一矣。

慕華館舊立兩柱紅木門。謂之迎送詔門。龔雲岡之來。安老建議改之。依中國牌樓。欲排三間一字。而未詳其制。只作一間。謚以青瓦。題其額曰迎　詔之門。後三年薛給事廷寵見之曰。所迎有詔有勅。又有賞賜。而獨名以迎　詔。其義似偏。如曰迎恩。則於彼於此俱可矣。遂寫迎　恩二字使揭之。

東方之數。天三地八。故女多男少。一男子至畜二三妾。而雖賤婦亦有寡居者。此其驗也。凡官私執爨供具者。皆是女人。非徒習俗爲然。實由男少女多之故也。前後華使之來。沿途執役女人。例以男服從事。以其乳大。時爲唐人所覺。龔雲岡到遼東。下案驗于都司。其文略曰。朝鮮國一帶。道路驛官。舊俗相沿。多用婦人答應。固知本國素遵禮義。而此事不無有涉嫌疑。實于國體攸關。名節所係。旣已得于傳聞。敢不行于宿戒。仰都司咨行
　國王。知會禁革。云云。然竟不能革也。

禮部郎中嘗見本國賀節表文。謂譯士曰。汝國於年年賀節之

時。每以一表改寫來賀乎。答曰。每令詞臣臨時製表。有何稀貴。而必以一表逐年來賀乎。余考 大明會典。城隍及厲壇祭文。製送于各處。使守土者常繕寫以祭。郎中之問之者。蓋以賀節年年有之恐或如城隍厲壇之用一文也。

景泰庚午以來。以文士使本國者。倪謙司馬恂陳鑑 閏張寧陳嘉猷金湜張珹祈順張瑾董越王敞艾璞徐穆唐皐史道龔用卿吳希孟華察薛廷寵張承憲王鶴等二十二人。皆有皇華集總若干卷。近來禮部郎官及山海關主事。因朝京使臣之回。屢求皇華集。蓋欲覽彼唱酬之作。而無究風土也。若愛異土之物。則豈必求書册哉。議者厭其求索。至以貪財目之。則過矣。嘗見崔校理漂海記。浙江之官疑其爲賊倭。崔畫地書朝鮮國人等語示之。問曰朝鮮國有鄭麟趾申叔舟成三問徐居正。皆名士也。汝能指其人之大槩乎。崔歷書其籍貫官職以呈。遂得東還。鄭中諸公之名。因皇華集而顯於中國。則中國士大夫之求皇華集者。未必非本國之益也。

龔雲岡欲見本國科試錄及誌書。將別懇請。鄭湖陰付朝京陪臣以送。其時朝議令湖陰寄書以爲兩書東國本不刊刻。雲岡復書曰。試文及誌。既謂無梓行。不必寄來。但此二種書籍。昔人曾見有刻本。雖宋元時。有高麗故籍。今吳中亦有藏本。不爲嫌也。本謂貴國同文同倫。故以此而徵文獻。且以廣異聞也。別無他意。予東國之賢者。亦爲此言可乎。吾非索督亢之地圖也。何疑之深也耶。可發一笑。

吳給事希孟。每倚轎覽唐太史皐皇華集。及到太平館。令頭目之能書者寫所作詩篇。余與譯士金進見其稿。有望遠亭一篇。其詩曰。日月天門迴。星辰海國遙。鳩鳴深市口。雁入古山腰。野樹斜侵郭。河流曲抱橋。壯遊眞萬里。無外見皇朝。後二日遊西湖。歷望遠亭。既還舘。出此詩送于舘伴諸公。此行吳之所著頗多。未必臨紙揮毫。呻吟預作如此類者。盖必多矣。

稗官雜記三終

稗官雜記四

唐李虛中疽發背卒。韓退之作墓誌曰。將疾。謂其友曰。吾夢大山裂。流出亦黃物如金。友人曰是所謂大還者今三矣。君既沒。愈追占其夢曰。山者艮。艮爲背。裂而流赤黃。疽象也。大還者大歸也。其告之矣。由是觀之。夢亦不可謂無徵。林嵩善百齡。少時夢有神人謂之曰。子宜以槐馬爲字。覺而異之。遂自號曰槐馬。然未曉其意。嘉靖丙午。以冊封謝恩正使。借銜右議政。而行。在燕得病。公曰。吾其不起乎。既借議政之銜。而又遭午年。神人所謂槐馬者。殆謂此歟。還到永平府而卒。尹僉知溪聞之曰。莊周書曰。水中有火。乃焚大槐。夫丙丁爲火。而丙午丁未。又爲天河水。即水中有火也。既銜議政。即大槐也。槐馬之夢。宜其驗矣。

犬人畜也。依人求食。爲主守閭。此其性也。自 中廟末年。敦義門外，人家羣犬。上北山。尋屍食之。因而不下。至產兒狗。積六七年。多至四五十頭。見人則吠噬不已。嘉靖戊申。有老兵。被羣噬而死。爭食且盡。　命禁軍。連日逐獵。獲數十頭。走免者尚多。可謂逆其性矣。

嘉靖戊申春。京外大饑。開常平倉以賑。然饑民多而倉米少。其間又被殷實者冒名。飢者多不得米。京城有士族寡婦餓死。又飢人仆於人家前頭。則其家舁而棄之。傳遞而舁。賑恤廳聞之。拿其人而罪之。然人之乞食者。仆則不能起。死於簷下或路邊者。往往而是。故老云。自百年以來。未有如今歲之飢也。

正德年間。達子寇遼東靉陽堡。堡官聲本言高麗兵數千來救。今在城中。仍作短箭。如本國片箭狀。以射。又令軍人。着白衣登城。示若本國兵者。達子等見白衣。旣疑之。取箭見之曰。果高麗箭也。遂引去。

田判尹霖由武舉以進。性頗麁猛。嘗見所乘馬有背瘡。割其蒼頭之背曰。汝不護馬。使之有瘡。汝以汝背想馬之痛。後得病目劇。作勢而起。張目彎弓怒曰。何物鬼神。敢來侵我。頓足者久之。

劉直講瑾性歇後。未第時補社稷祭奉。提調以褒貶齊到。劉日中方來。問曰何以晚來。曰在家點心耳。正德年間。以 賀禮詣闕庭。因醉酒。既拜而忘起。司憲府糾 啓罷職。過數月。草奏欲自訟。謂人曰。題甚難。文不得工也。

嘗見李白集中有去婦詞。古人以謂顧況之作。折脚鐺中煨淡粥之詩。兩見於蘇黃集中。不知何者爲是。三日柴門擁不開。階平庭滿白磑磑。今朝踏作瓊瑤迹。爲有時從鳳沼來。此退之之詩。而蔡蒙齋詩林廣記編於子厚詩中。未知何所據也。又見王勃滕王閣序。騰蛟起鳳。孟學士之詞宗。廷齋云云孟浩。按王勃唐高宗時人。孟浩玄宗之時人。不當爲其時閣上之人。况下句王將軍。正指王濬。則所謂孟學士者。必引古人而比之。非謂孟浩也明矣。古人編註之不可盡徵。如此。

林西河詠逃妓詩。紅粧待曉帖金鈿。爲被催呼上綺筵。不怕長官嚴號令。漫嗔行客惡因緣。乘樓未作吹簫伴。奔月還爲竊藥仙。寄語青雲賢學士。仁心不用示蒲鞭。詩固佳矣。但蒲鞭一語。頓無香閨風韻。若遇投梭之女。恐不如幼輿之甘心折齒也。

古之賤婦。遇詩人而垂名不朽者。固多有之。黃四娘之於子美。柳妓之於義山。商婦之於樂天。國香之於魯直是也。豈非風流一奇事。而爲四婦之大幸也。近世有京妓上林春。以能琴擅一時。嘗爲申叅判從濩所眄。申贈詩曰。第五橋頭楊柳斜。晚來風日轉清和。緗簾十二人如玉。青鎖詞臣信馬過。至嘉靖年間。妓已年過七十。倩李上佐畵其事。寫申公詩其上。仍乞詩於搢紳。鄭湖陰乃題一律。其小引曰。琴妓上林春。年七十二。有其伎不衰感傷舊事。輒放撥隕淚。故聲調多怨。每來乞詩。欲留名身後。憐其堅懇。爲書一律云。其詩曰。十三學得猗蘭操。法部叢中見藝成遍接貴遊連密席。又通宮籍奏新聲。嬌鶯過雨花間滑。細溜侵宵澗底鳴。才調終慚白司馬。豈能商婦壽佳名。金慕齋題絕句曰。容謝尙存傾國手。哀絃彈出夜深詞。聲聲似怨年華暮。奈爾浮生與老期。諸公多和其韻。聯爲大軸。噫妓之奇遇。殆不在黃四娘諸婦之後矣。

申松溪用漑。嘗謁告浴于湖西。道過天安郡。盻官婢名四德者。觀察使崔峕齋淑生。戲代四德。走筆作啓。呈于松溪曰。天安官婢四德。謹再拜奏啓于兵曹判書申相國閣下。天氣下降。地氣上通。兩根相盪。化爲精液。雖尊卑之相絕。固感應之無間。伏惟相國閣下。妙穿楊葉。雄貫　輪。昂昂兮雞羣之鶴。矯矯兮人中之龍。早馳　於平康里。紛出入乎溫柔鄉。風情飄逸。三行紅粉一時回。洞房窈窕。十二闌干春晝長鸚鵡盃兮醉興方濃。鴛鴦衾兮愛根難拔。薄遭文園之渴。暫煩靈泉之浴。謝日邊而孤征。指湖西而遄邁。巷柳園花渾不見。攪亂吏部之懷。朝雲暮雨徒虛語。寂寞襄王之夢。東騎來屆於溫陽。棨戟忽臨乎弊邑。薄言觀者兮康莊。何以舟之兮金玉。顧蓬頭之無可取。邈風標之不敢當。何意餘光曲照陋質。杜御史獨酌華堂。忽發座上之狂言。陶學士一夜郵亭。驚破江南之烟雨。燭熒熒兮照壁。風纚纚兮鳴扉。十年慣臥牛衣。每歎雙足之屢穿。一夕誤入錦帳。自驚此身之非分。念中宵之再合。實曠古之難逢。古語有之雖有姬姜。無棄憔悴。以今揆古豈不信然。設使相國無挑琴之才。賤妾有投梭之志。寂寞空館。蕭條秋夜。雁過而自覺偏聽。鬼窺而爭笑獨眠。滄溟波上。蛟龍失行雨之權。赤壁磯頭。將軍無用武之地。徒增無窮之恨。虛度可憐之宵。深惟賤身之蒙幸。正由雅量之納汚。忽駟馬之言旋。知此會之難又。心欝欝兮不叙。涕淫淫兮交墮。銷金帳淺斟美酒。誰是眼前之人。白門樓半脫玉釵。空成卷中之身。伏願相國閤下。精氣更旺。靈根益固。綠野笙歌。莫做冷淡生活。東山絲竹。長作風流宰相。

嘉靖己亥。鄭同知萬鍾以陳慰使沈僉知連源以進香使。相繼赴燕。偕寓于玉河舘。作朝京契軸。乞詩於華侍讀察華。手題五言長律曰。大舜垂衣日。越裳重譯年。山河分異地。玉帛共朝天。秉節惟忠順。觀光摠俊賢。徘徊文馬駐。先後彩龜懸。職美叅曹佐。榮深鼎俎筵。來承王命重。去沐聖恩偏。北闕應多戀。東籓幾盛傳。歸旋臨鴨水。清旭上朱舷。

金安老營別墅於東湖。頗奪人田。扁其堂曰保樂。及敗。荒廢僅存。申駱峰嘗泛舟過其下。作詩曰。聞說華堂結搆新。綠窓丹檻照青春。江山亦入陶甄手。月笛還宜錦繡人。進退有憂君保樂。

行藏無意我全眞。風光默檢須閑熟。可使何人作上賓。駱峰盖金之姪女婿也。罷官居外。垂二十年。常爲金所擠。

京妓笑春風。以姿貌擅一時。最愛士人李秀葑。色旣衰。崔生國光畜於別家。一日妓病革。崔枕之股而問曰。汝今病劇。試言所懷。盖欲聞其身後事也。妓曰。欲見秀葑也。崔默然無以應。旣死。崔葬於高陽先塋之下。 宗室與原君。亦嘗眷愛。約曰。我無以厚汝。汝死則當別奠墓前以表此心。旣葬。與原備奠具送奴祭之。崔生時旣與他有約。其忍違之。遂令祭焉。

嘉靖乙未吏科左給事中陳侃等奏曰。臣等奉命往琉球國封王行禮畢。因待風坐。三閱月而後行。因得訪其山川風俗人物起居之詳。杜撰數言。遂成一錄。嘗念國家大一統之治。必有信使以載內外之事。如 大明一統誌所載琉球之事。云落渚者。水趨下不回也。舟漂落渚百無一回。臣等經過不遇是險。自以爲大幸。至其國而詢之。皆不知有水。則是無落渚可知矣。又云。王所居壁下。多聚髑髏以爲佳。臣等意其國王兇悍。而不可與言。至王宮時。遍觀壁下。亦皆累石。國王循循雅飭。若儒生然。在彼數月。雖國人亦不見其相殺。又何嘗以髑髏爲佳哉。是誌之所載者皆訛也。不特誌書爲然。杜氏通典集事淵海贏虫錄星槎勝覽等書。凡載琉球事者。詢之百無一實。蓋琉球不習漢字。原無誌書。華人未嘗親至其地。胡自而得其眞也。以訛傳訛。遂以爲誌。何以信今而傳後。臣等學問麁踈。言詞鄙俚。勉成此錄。實不足以上塵睿覽。但念海外之事。知之者寡。一得之愚。或可以備史館之採擇。是以不避譴責。陡瞻進呈云云。

中國科擧

大明科擧之制。初場試以七篇。皆五經四書大義。中場試以論表判語。末場試以五策。應試之士。每於風簷寸晷之餘。不能聘其才藻。程文之可爲矜式者。纔什一於千百也。所以試錄文字。

多出於主司之手。將以爲學者程式也。且諸省鄉試錄文字。不及兩京。而會議錄文字。每冠天下。蓋兩京主考用翰林官二人。而會試錄則用館閣碩儒。及諫垣郎署之素有文名者。充之。試錄程文。成于多賢之手故也。嘉靖中禮部奏准。令考官錄士子本文。不必自作。後尙書夏言以爲各處試錄。文理紕繆。體裁龐雜。使初學之士。爭效其式。至於平日善爲文者。亦不能守其故步。以希合一時。於是奏令考試官依舊例。將士子試卷。重加裁正。以示模範於天下云。

魚文貞公世謙嘗訪徐四佳。四佳曰。頃者李坡見訪。語及文衡事。因問曰。誰可代先生者。余答曰。當今學問詞章。無出君右。君宜代之。李雖虛讓。而觀其色頗有自得者。文貞問曰。果誰代之。曰。非子莫堪任也。文貞笑曰。毋以給李坡者給我也。四佳曰。李可給。子不可給。後文貞果代典文衡。

中國多隱君子或藏或遊

自古中國多隱君子。或藏於山林。或混於城市。有被裘褐終其身。而名垂千萬世者。本國則幅員狹窄。人心碎屑。凡論人物。動以世類。苟非冠冕之胄。則鮮有能自奮於文墨者。況於商工庶人乎。近來市人朴繼姜。有能詩聲。 中廟改玉之初。陪名士遊彰義門外。得句曰。乾坤新雨露。詩酒舊山川。諸公歎美不已。姜木溪嘗與同登木覔山。呼韻使賦詩。即口占曰。扶筇登眺渺茫間萬頃滄波萬點山。口腹於吾眞一祟。不將身世老江干。木溪驚服。乃作市隱先生傳。以市人而其詩如此。亦東國之所稀有者也。

林椿卒。旣二紀。李順文嘗夢其友朴還古來告云。林先生死。墓銘非子焉托。因出木槧三寸許。請其辭。李嫌其狹。朴曰。得子辭雖一字足矣。遂誌之曰。林某字者之。性孤峭。頗以才自負。累擧春塲不捷。某日月卒于家。銘曰。未施才命哉。按順文此誌。雖夢巾所作纔一二語。而叙盡其一生事。殆筆之三昧者矣。

太祖季年童謠曰。南山伐石去。錠無餘。盖錠者伐石之器。言欲伐石於南山。而錠之所餘者無也。方言錠餘二字。似鄭南誾。不數年。鄭道傳南誾皆伏誅。

宗室朱溪君深源。有先見之明。 成廟朝。知姑夫任士洪姦邪。上疏力辨。竟竄士洪於外。燕山末年。士洪用事。譖深源殺之。中廟即位。嘉其忠義。贈爵旌閭。正德中。 命撰續三綱行實。纂集廳欲錄於忠臣中。已畫其圖。適有異議。竟不施行聞者恨之。嘉靖末竟入

聯珠詩格。宋趙元福梨花詩。玉作精神雪作膚。雨中嬌韵越清癯。徐四佳註云。越於也。又發語詞。余按華人有越好之語。猶云愈好也。盖俗言如此。徐雖博聞。不通華語。故未免誤註云。

襲雲岡回到雲興館。覽所作詩板。問曰誰所寫。譯士對曰。遠迎

鄭湖陰幕下。柳耳孫之筆也。招而與之酒曰。始者見汝之面而已不知汝之有晋筆也。後華侍讀察贈詩曰。由來聞鼻祖。今見耳爲孫。楊柳如無聽。蟬聲何事喧。又云。我好作大書。聞君亦頗慣。何不告爾　王。公權有筆諫。國俗生員進士及第壯元一榜。尊禮異甚。下至雜科亦然。嘉靖癸巳。余赴京師。譯士柳季潢每呼洪謙甚敬。盖洪爲譯科壯元。而柳爲榜下也。趙書狀士秀笑曰。禮樂無處不在矣。丁酉歲。龔雲岡贈柳耳孫詩曰。耳孫搆有安樂堂。自稱漢濱之漁翁。憐渠亦識山水趣。釣遊曲江吟清風。余戲謂两人曰。洪君可謂無處不在之壯元。柳君可謂亦識山水趣之漁翁也。

嘉靖丁未。濟州人金萬賢等六十四人。漂到浙江寧波府。知府某令館於驛舍。給與口粮。以書諭示曰。我　皇明有天下。薄海內外。罔不服臣。惟爾朝鮮。奉職尤謹。故我　天朝待之。亦加等夷。今爾等本皆商旅盡細人。漂泊至此。初無符節爲信。然我官司特加優恤。亦念爾　國王能事大之禮故耳。爾等今受此供億。罔非　皇渥。爾歸爾國。其告爾　國王。自其益堅乃心。無失忠順。以對揚　天朝之休命。則爾國其亦永孚于休。按此文。出於臨事偶書。而詞理俱有典刑。于以見府州之官莫不有文獻才望也。

弘治戊申。董侍講越王給事敞。來頒登　極詔。許忠貞公琮以遠迎使。候于義州。兩使嘗矜持。視人蔑如。左右執事者。小失尺寸則必詬怒。曰。我非爾國貂璫。敢爾無禮耶。蓋往時奉使者。多我國入朝宦寺。故有是言。及見公長身玉立。衣冠偉然。兩使瞿然相目曰。堂堂哉若人。自是嚴稜漸消。左右雖或迕意。皆不問。每見公必留語從容。相與討論經史。或至夜分而罷。一日王給事語及嘗奉使遊蜀。公問入蜀有二路。陸由褒斜。水由荊門。公由何路。給事曰由江而入。公又問聞江出岷濫觴。至夔東峽極險至夷陵始漫流信否。因擧江至某某地焉。某某水沿江上下。襄樊荆鄂數千里間。山川遠近。戶口多寡。以至古今英雄豪傑並呑割據。歷歷縷數兩使心服。前執公手曰。若非胷藏萬卷。何能如此。公問中朝典故。雖宮禁隱密。皆爲公盡言。略無所諱。兩使還到江上。依依不忍別。至涕出曰。望公早時來朝。使中國知海外有此人也。還朝嘖嘖搢紳間曰。所不知者天上也。人間則無雙。其後艾郎中璞。奉事而來。爲人傲狠。遇卿相貴人。皆睥睨不爲禮。然入境首問公起居。及見公斂容屛氣。送迎鞠躬。甚禮重之。

金顏樂訢以通信使。書狀官曹適庵伸以押物官。偕往日本。過對馬島。顏樂作詩紀之曰。跨海別有天。環島自成聚。民物多漁人。村居半壚戶。兒童亦佩刀。婦女解搖櫓。蔭茅代陶瓦。剖竹作弩。竹籬開蟛蜞。石田少稉秫。羹臛賁葛根。矢房揷雞羽。蚌蛤充餱粮。椒莽賫商賈。炷艾醫疾病。灼骨占風雨。擅施奉浮屠。逋逃萃祠宇。脫履知敬長。同席不避父。椎髻齒多染。合掌背微傴。睚眦性忿狠。慓悍輕殺掠。發語母吸吸。相力喜躍躍（倭訓母吸吸發語辭躍躍用力聲）。酬酢嗤異語。杯盤驚詭作。山肴堆橘柚。海錯斫鮫鰐。辭舌鳥喃喃。歌吹蛙閣閣。縈身舞白刃。假面出彩幕。主人殊繾綣。旅容頗懽謔。遠遊如啖蔗。風味雜甛苦。行矣早歸來。信美非吾土。適庵亦作赴燕書所見詩曰。更刮客中眼。陳庭雜戲多。踞床拍手鼓。蹙額作喉歌。寶劍縈身舞。詼談轉面訶。心知是樂事。無怪語音訛。又曰。老翁來押曲。綵幕出靑童。奮劒如攻敵。揮戈似護躬。傍觀喧雜沓。假面競靑紅。竟夕留歡笑。歸來馬若鴻。觀二公之詩。對馬風土。殆牢籠盡矣。

正統中。薛緯爲萬頃縣令。以廉謹稱。一日爲方伯所謫。乃投笏而去。留詩案上曰。數年江郡獨鳴琴。志在高山與水深。世上難逢鍾子耳。絃中誰會伯牙心。

曹適庵設聞瑣錄。載余高祖提學公變甲答禹廣州詩曰。登高遙望故人廬。聊向江頭問鯉魚。非是物情隨世變。奈何呑釣不呑書。批云。寓意深切。今按。此詩逸於稿。適庵其得於傳誦也歟。」

提學公喪後臨禫。夢中作詩曰。酸梨小洞古山阿。廬墓三年一擲梭。饘粥厭何疏食進。衰麻纔着練冠加。昊天罔極恩難報。中月而行禫已過。莫謂泉扃終寂寞。五男俱在子孫多。

金乖崖守溫未第時。閉門讀書。因小遺下堂。見落葉始知其爲秋。前輩之篤於讀書如此。後病劇。將易簀。謂子弟曰。爾輩愼勿讀庸學。我今煩悶眼裡森羅者。皆庸學中字也。

金時習嘗出俗爲僧。有富家翁。以白段子作袈裟施之。金着入京都。穢水中轉身數十遍。竟脫而棄之。後 光廟幸圓覺寺。設

晉韋仲將善造墨有名

水陸齋。金以神僧被召。衣百結之衲。懷青魚一綑。進見之時。微露其魚。　光廟以爲狂僧黜之。

燕山甲子。洪彥忠謫于眞安縣。自分必死。題詩幽谷驛曰。一枕淸風孤館裡。三杯薄酒老槐邊。此行不料生還日。萬事悠悠只付天。又擬古人。自挽而銘之曰。　大明天下日。先照國男子。性洪名忠字直。半生迂拙。文字之攻。在世卅有三年而終。命何云短。意何其長。卜于古縣茂林之鄉。雲山在上。灣碕在下。千秋萬歲。誰過斯野。指點徘徊。其必有悵然者矣。後數月果被殺。

柳文城洵好讀書。老而不倦。嘗對燈讀未見書。歎曰。老夫幾不識此而死矣。黃參判孝獻登第謁文城。文城曰。古今字學之要者。莫如韵會。宜置座右常常閱覽。黃公常以一部自隨。每讀書有疑輒考。有考輒錄。屢以文城語勸余云。

晉韋仲將造墨有名。蕭子良答王僧虔書曰。仲將之墨。一點如漆。其方曰。以好純烟擣訖。以細絹篵於釦中。墨一斤。以好膠五兩。浸梣皮汁中。梣江南樊雞木也。其皮入水綠色。解膠又益黑色。可下雞子白去黃五枚。亦以眞珠紅一兩麝香一兩。皆別治細篵。都合調下鐵臼中。寧剛不宜澤。擣三萬杵。多益善。合墨不得二月九月。溫時敗臭。寒則難乾潼溶。見風日破碎。重不過二兩。按此方雖未保眞假。余嘗試之。其品果佳。但不錄取烟作丁之法。是可恨也。

俗謂新官連日直宿者。曰儤直。按事文類聚。新官併宿本署。曰儤直。今作豹。蓋豹性潔。蓋服氣於雨雪霜霧中。伏以不出慮汚其身。儤直是豹伏之義。又按韵會。儤越也。唐制新到官府併上者。謂之儤。今俗謂程外課作者爲儤上。儤直云。蓋本於此。

嘉靖初年間。有朝官姓鄭者。悶其女早寡。改適他人。 朝廷以爲敗壞風俗。永不叙職。

趙宋時。有左傳節本。不知何人所撰。魯齋朱申爲之證正。署加增損。號曰詳節所刪傳文。不啻三之一。大要以辭命議論爲主而敘事罕焉。余高祖提學公得所謂節本傳。四世寶藏。正德年間。儒生崔國輔從余伯仲氏倩去。崔卒而失其所在。一家常恨之。嘉靖辛卯。伯氏赴燕。得朱氏詳節而來。時金安老爲大提學。啓令書局印之。其書遂宣布焉。

嘉靖庚子。余以監校官在校書館。南牧使應雲洪僉正春年時爲本館別坐。欲印杜律虞註。余曰。虞註有板本。故家有其書。余得杜律趙註及杜註於中國。趙註乃五言。而杜註七言也。盍印此兩本乎。二公遂請於提調而印之。又請於湖陰鄭相公。抄排律若干篇。湖陰以草堂之註太繁。依趙杜註例。刪去其冗。而存其要切。且添入劉須溪批語。書未成。金慕齋爲提調。以爲草堂註不必刪也。令印以全註。覽者恨之。

漢書陳勝傳。高祖時爲勝置守塚于碭。至今血食。王莽敗乃絕。
蓋王莽敗乃絕者班固之詞。至今血食者司馬遷史記本語也。
於文爲衍。班固失不刪耳。
嘉靖癸卯。　中廟出劉向列女傳。令禮曹飜以諺文。禮曹　啓
請申珽柳沆飜譯。柳耳孫寫字。舊本本顧愷之畫。而歲久刻訛。
殊失筆格。令李上佐畧倣古圖而更畫之。旣成。誤依舊本書於
每卷之首曰。漢劉向編撰。晉顧愷之圖畫。正猶班固至今血食
之文。使此書傳於後世。則孰知其爲李上佐之畫乎。
東國少小說。唯高麗李大諫仁老破閑集。崔拙翁滋補閑集。李
益齋齊賢櫟翁稗說。本朝姜仁齋希顏養花小錄。徐四佳居正
太平閑話。筆苑雜記。東人詩話。姜晋山希孟村談解頤。金東峯
時習金鰲新話。李青坡劇談。成虛白堂俔慵齋叢話。南秋江孝
溫六臣傳。秋江冷語。曹梅溪偉梅溪叢話。崔校理溥漂海記。鄭

123

海平眉壽閑中啓齒。金冲庵凈濟州風土記。曹適庵伸諛聞鎖錄。行于世。

諺以春雨數來。石墻飽腹。沙鉢缺耳。老人潑皮。小兒捷口。僧人醉酒。泥佛渡川。家母手鉅。食簞有聲。爲無用之事。柳大容嘗戲採此語贈余詩曰。石墻飽腹眞無用。稚子能言亦匪賢。不願如今春雨數。願君家母手如椽。是春適多雨。故接句云。

李義山以清泉濯足。花上曬褌。背山起樓。燒琴煑鶴。對花啜茶。松間喝道。爲殺風景。本國諺語。謂事之不相稱者。曰軺軒馬鞭。藁履丁粉。蔫門鐵樞。紗帽纓子。蒯笠刷子。僧齋胡舞。言雖鄙俚。亦足以資一笑也。

史記刺客傳。趙襄子使使持衣與豫讓。豫讓拔劍三躍而擊之。註。索隱曰戰國策云衣盡出血。襄子回車。車輪未周而亡。此不言衣出血者。太史公恐涉恠妄。故畧之耳。今按戰國策備載豫讓之事。而無衣盡出血之語。又柳子厚詩。機事齊飄瓦。嫌猜比拾塵。註。家語孔子厄於陳蔡。子貢得米。顏回炊之於壞屋之下。有塵埃墮飯中。顏回取而食。子貢望見。以爲竊食也。今按家語。亦無此文。不知註家據何本而引此言耶。無乃今所傳戰國策家語者。與古本不同耶。

樊紹述文奇奇怪怪或短局滯澁。不循繩墨。常度至有難句讀者。韓退之曰。文從字順各職職。余未知其何謂也。

永樂戊子。欽差太監黃儼奉　聖諭而來。令選女子幾名。本國以權氏任氏李氏呂氏崔氏。偕黃儼送獻。帝封權氏爲顯仁妃。封任氏以下美人昭容等爵。又拜權氏兄永均光祿寺卿。任氏父添年鴻臚寺卿。李氏父文命呂氏父貴眞俱光祿寺少卿。崔氏父得霏鴻臚寺少卿。辛卯呂氏嫉權妃專寵。令本國內官金得金良等。交結中國內二人借砒礵於銀匠家。作末子。投糊都茶。與權妃喫。未幾權妃薨。　帝初不知其事。後二年。權妃之婢罵呂氏婢曰。汝主藥殺我妃子。　帝聞而訊之。果然。遂誅內官銀匠。以烙鐵烙呂氏者一月。竟烙殺之。

唐太史皐波過江三日。不出所作詩。至定州登迎薰樓。次金太僕韵曰。雲山千里海茫茫。回首璇杓月一陽。佳句偶來樓上見。旅懷秖向客邊傷。龍飛有　詔頒高麗。鳳去何人歎楚狂。徙倚迎薰悲舊景。誤疑新線共愁長。夜半出示。容齋時爲遠接使。退休湖陰安分三公爲從事。容齋招諸從事。問其格律高下。湖陰讀數遍曰。圓熟富瞻。公之强對乎容齋曰。格律則不可知也。安分亦不以湖陰言爲然。頗摘疵病。退休後至曰。湖陰之言是矣。眞老手也。容齋以爲。高麗之麗字。本平聲。而作側字用之。誤也。湖陰曰。初以山高水麗爲國號。此何害。華人精於聲律。豈容有誤。容齋嘿然。其後沿路所作甚多。至葱秀嶺。作五言長篇。容齋當屬和。歎服不已。語湖陰曰。眞仙才也。子之前言果是矣。
唐太史之來。湖陰諸公。令譯士請於寫字者。求見詩稿。乃寫四篇以示。其郭山孝女詩曰。郭山孝女孝如何。斷指炊爨療母痾。入口一匙令疾愈。折肱三度讓功多。風聲舊說藩王樹。霜押縈隨詔使過。歇馬雲興徒感慨。未由殘碣爲重摩。其却妓詩曰。仙詔新從海上頒。從容樽俎禮筵間。耳聞鳳曲徒增感。心切龍髯未就攀。青水莫教風引調。斷雲宜與月歸山。芳樽少盡西來意。肯使桃花笑面顏。其安興遇雪詩曰。野無飢喙只長風。林有樛枝脫苦空。應是兩間霏凍屑。故教六出絢春工。三韓水面勻於粉。一夜山頭老似翁。却笑唐庚眞落莫。只將詩課付中中。其石門嶺詩曰。百人齊力語　嘈。應是同聲戒嶺高。挽卒豈於推卒勇。下山還比上山勞。驅馳尙自閑雙足。負戴寧當病二毛。薄暮新安初就館。此心懸疚正忉忉。此四篇太史皆不出示。故不載皇華集中。必是不滿其意故也。詔使之來東。不輕示其作如此。」

郭山郡有孝女金四月。年十九。母得狂疾。經年不愈。爲夫所棄。四月聞生人之骨可已疾。自斷手指。爲藥以進。病即愈。事 聞旌閭復戶。又竪短石刻曰。孝女四月之里。凡華使之來往者。皆題詩美之。近年郡守改其旌門。比舊稍大。而去其刻石。若使中朝路邊有此事。則其舖張褒顯之道。必侈之又侈矣。今只旌一門。而迄無碑記。華人豈謂我國能尙節義乎。唐太史皐過此作詩曰。使軺來往値殘年。訪跡雲興思惘然。蠲復事荒基業改。家人那更避夫壥。其意以歲久事荒。只新棹楔。疑其子孫之不得蠲復。故寓其傷歎之意。且董圭峯詩。末由殘碣爲重摩。今並其短石而去之。後有詔使訪之。則未知以爲何如。

唐太史作留別餞送諸君子詩。跋其後曰。予宿鞍山。見秋官方思道懷侍御楊允成壁間詩。因口占一律。以告史君。史君亦和一律。後會方楊於遼城。各出所倡和相示。競酬互答至數十章。方集爲册。名以槎集。朝鮮使還至鴨綠。有懷藩京諸君子。及與李粲贊諸君別。亦以前韻飣餖二律。併寄藩京諸君子。吾恐藩京之有槎集也。容齋李公與蘇退休鄭湖陰李安分。沿道多酬唱。及使還。編爲一卷。名曰東槎集。其義本於太史云。

鄭公子堂。嘗以祭執事在　宣陵。作詩刺燕山君曰。嫩嫩赤子熾爐中。醉富隋皇反似聾。伐豹入宗闈邈邈。丁雷掀殿視朦朦。彗星乙夏天愈怒。土雪辛冬變最凶。　魂殿久寒香火灶。廟庭交錯獵畋蹤。三千駿馬搜盈廐。一萬娼兒選入宮。母妃正忌催蛙沸。　宣殯初哀射鹿同。兩嬪刃身膏潤草。六勳刑骨碎飄風。慢教撤虛師聖宇。短表殘毀士民風。姦雄唇齒笑刀凜。忠孝心肝怨血紅。功業已歸西漢霍。神人咸屬晋陽龍。曉離舊闕愁容慘。夜渡喬津駭浪洶。街童鼓舞爭譏刺。惡疾終酬眇目瞳。疊棘置城稀見日。低頭捫斫泣臨銅。十載御朝多隱愧。何顏地下拜成宗。又作絕句曰。題詩十四韻。泣訴古陵壇。皇靈如有鑑。應照寸心肝。按鄭詩出於傳誦。時有違律。且對偶或不精切。以其備載燕山之事。故錄之。

嘉靖甲午。鄭湖陰赴燕。賀至。歸途作夢見尙書夏公詩云。皇家人物衣冠藪。一角祥麟冠四靈。羲献筆鋒推獨對。班楊賦手擅高名。南曹庀禮歸時論。宮保承恩切極星。黃鵠壞虫知自別。魂交猶得覩分明。載公朝天日錄中。後吳龍津寄書於公曰。朝天日錄刻成。宜望賜一部或二三部。密令通事見惠。夏桂洲閣老深喜湖陰賢宰夢見之詩。欲得一部云云。盖龍津於來使時。甞序公朝天日錄。故因夢見夏公詩。語於桂洲也。龔雲岡與鄭湖陰。多所唱酬。相得驩甚。序湖陰朝天日錄曰。予閱其集。見其沈着冲淡。不爲綺麗艷冶之辭。有唐人之遺意。及還朝。寄所制武夷權歌及紀行詩摠四十首。吳龍津亦寄紀行詩十首。皆付簡索和。時湖陰罷官。在嶺南鄉墅。　中廟特命次韻。馳馹以進。付朝京使臣。寄于龔吳二公云。龍津又寄書求其嚴君慶壽詩。且曰。家君去歲七耋。今加一資。原任太醫院使。家兄甲午進士。近奉　聖恩。以生官進階。家父正四品云。後因本國使臣之回。屢求不已。湖陰作兩律詩以寄曰。天與名家賦德全。萃身諸福齒居先。靈椿獨旺風霜裏。丹桂聯敷雨露邊。　恩誥北扉推舊典。壽星南極動新躔。定知盛事歸歌詠。卷軸于今侈幾篇。早積陰功肘後方。果鍾祥慶白眉良。抗章已聳清朝聽。擎　詔還孚遠俗望。快覩鳳麟傾迸勞。賸留篇什播芬芳。　無路升堂薦壽觴。華使使還之後。作折簡求題詠於伴接宰相。古所未有也。

雲岡與湖陰。從容杯酒。吐其誠懇。不啻若久要。故凡文字之疑。

及中朝典故。湖陰多有所質。一日問古人所謂韓十八之義。雲岡書以解之曰。所云韓十八者。即是雁行之序。今中國大族兄弟等輩。多至數千次亦數百次亦數十。不同年不同月不同日不同時而生者。不待論而知。其間亦有同月同日而生者。有同時而生者。何以辨之。因此以生時之先後。爲雁行之次第。定兄弟之幼。輪定次序。毫髮不差。一相聚間年齒而可知長幼也。皆自一起。或輪至千至百至數十。皆倣此。杜詩所謂高三十五許十一崔九。謂此也。祖則有祖之等輩。父則有父之等輩。子則有子行之等輩。不相陵犯。中庸謂燕毛所以序齒。亦此意。又跋其後曰。判書若有問。吾未甞不以實告。正見斯文一氣之邪行步之禮。出以關東爲左。入以關西爲左。不可不細看。

雲岡嘉食厲房。寫其烹飪之法。示湖陰曰。烹厲房之法。切不可其本來之汁。若別以水澆。即無味矣。且其法多用豚油熬冷。滾以厲房投之。用筯攪之。量其將熟。或用酒或用麵小許和之。疑雖麵湯。其法以水和麵不大濃亦須用酒。方出腥氣。不可多亦不可不及。量其得宜。即可食矣。凡海味。烹之皆須用酒。雖少亦可。方去腥氣。凡海味。遇南風即臭腐不可食。且害人。厲房烹之有數法。前是妙法。外此有帶殼煑食者。有帶殼蒸食者。有取其肉和以麵而食者。皆此海中之上品。不可不知。

嘉靖甲午。蘇退休 進賀使赴燕。序班等以公謁文廟。及即事二詩示提督主事。示尙書夏言。夏覽曰。早知有才。當待以異禮。遂贈其詩稿一卷。及還。公啓其事。時李任爲大諫。論 啓曰蘇某濫將惡詩。誇示中原。請究其罪。 中廟不聽。其謁文廟詩曰。晨起衣冠謁素王。太平絃誦喜洋洋。德尊不廢千年享。道大難窺數仞墻。壇上杏花紅半落。庭前檜樹翠成行。平生只會歌鴻雁。今日摩挲石鼓傍。其即事詩曰。宴開迎餞一旬間。三月皇州却未還。柳絮白於衰容鬢。桃花紅勝美人顏。春愁黯黯延空館。歸興翩翩落故山。早晚句當公事了。拂衣長嘯出秦關。按此詩。偶爲夏公所見。而謂之誇示中原。不亦過乎。夏公心旣許之。至於贈其詩稿。則恐不作惡詩看也。

嘉靖壬午。余遊西海之玉谷。主人洪使君濬得黃鶯及雛各一。置鶯於網籠中。而別處其雛。不令相見。一日持雛試入籠中。鶯忽叫一聲。仆地而死。小兒輩戲刳其腹。則其膓斷爲七八。余哀而異焉。心常異之。後覽大平廣記曰。有人取得黃鶯雛。養於竹籠中。其雌雄曉夜哀鳴於籠外。絕不飮啄。乃取雛置於籠外。則更來哺之。一日藏其雛不出。其雌雄繚繞飛鳴。一投火中。一觸籠而死。剖腹視之。其腹寸斷云。與余所見者政同。盖鶯之爲雛斷膓。其性然也。

嘉靖壬寅。濟州人朴孫等。漂到琉球國。留四年。轉觧中國。因得

琉球國風

俗記國俗賤綺紈而貴磁器鐵釜琉球國之地久迷村有孔子廟只設孔子位王者塑像儒生崇見詩書周易春秋四經

回還。柳大容採其語。作琉球風土記。略曰。國都中有中山王宮搆其上。故稱琉球國中山王。山頂平衍。其樹多松杉。每正月種水田。四月收穫。五月又種。八月收穫。日氣常暄暖。冬月極寒之候。如本國八月。牛馬常食青草。凡樹木舊葉未落。新葉已生。無霜雹氷雪。人居皆用板爲樓。不設炕房。冬衣皆袷。無襦襖之制。夏製蕉布或苧布爲衣。蕉布者盖以芭蕉縷爲織者也。男女之冠。皆編椰葉爲之。男冠如本國僧笠。或以帕抹首。或露髻而行。女冠如本國圓筐子。人不得見其面。唯命婦戴之。其餘用所著衣蔽面而行。男有袴子。女只以單裙圍之二重。貴賤皆然。男女皆椎髻。男則於右。女則於後。唯貴者着草履。餘皆跣足。大抵男多長鬚。女多艷色。其俗無車轎之屬。家不畜犬。野無虎狼狐狸雉鳶鵃鵲。味多海錯。菜無水芹。釀濁酒不用麴。只嚼米和涎。盛器經宿。其甘如蜜。凡交易皆用銅錢。土産多金銀。而拘於神忌不得行。若產於日本者則許用。不立學舍。童穉就寺僧學番文。其學經書者。皆入學於福州。每歲元日及八月十五日。祭其先。自正月初八日至十五日。達夜撚燈。男女游玩。道路塡塞。三月三日士庶相聚宴飮。五月五日。造船象龍形。選童男船各二十人。揷金銀綵花。執棹爲戲。七月十五日。家家燃燈。男則服女服。女則服男服。來往爲戲。冬至日作豆粥以食。又人死則無貴賤。富者鑿石藏棺。貧者藏於石穴。並無碑碣之類云矣。

大明律。專用吏文文字。而其體簡古多曲折。非通乎吏文者。不可得以解矣。本國設置律學。使之專業。而承訛守謬。尙不曉其文字。況通其義乎。付罪名於其手。任其議擬。安能無寃乎。余嘗與老律官論律文。問。例分八字西江月。此何語也。答曰。例分八字。其義之明若西江之明月也。夫西江月。本歌詞名也。猶滿江紅玉樓春之類。蓋謂將例分八字之義。作西江月之詞也。而今律官相傳之學如是。舉此一事。可卜其餘。洪武乙亥。鄭道傳等。患律文難曉。以薛聰所製吏讀。逐條翻譯。名曰直解大明律。令書局印出。凡三百八十八件。歲月已久。散亡不存。余先人有家藏一件。余覽訖一過。往往有未譯處。然大要則皆可通矣。若讀此則必無西江明月之誤也。嘉靖丙午。元參議混觀察湖西。見而喜之。遂入梓於公州。學律者始得其指南云。

高城三日浦。有水石之勝。新羅時。有花郎安詳永郎之徒。來遊三日不返。故名焉。浦口巖壁。有丹書六字曰。永郎徒南石行。俗釋之曰。永郎者新羅四仙之一。而南石者指此石也。行者行于石也。客之到郡者。必訪丹書。有一郡守。厭其煩費。以石擊字。使之漫滅。後有好事者。再刻六字。但字劃不古。可恨。南秋江辨之曰。此石自高城視之則在北。自金剛山視之則在東北。自東海視之則在西。其稱南石。尤不可解。且六字成文。文理太疎。古人文法。必不如是。若非出於兒童之好事。則是永郞之徒有姓名南石行者。題名乎。後涵虛洪公按關東。作五言長篇。刊石掛巖腹。涵虛旣近代人。而詩體亦與仙境古蹟。太不似矣。

中國喜文雅。凡碑記題名之類。必作閣以護風雨苺苔。董侍講越過蔥秀山而樂之。爲文以記。旣去。鑱其記于石。樹道左高邱。往來無識者。以爲華人曉風水。立石於此。以壓東方。故歲此不登。遂以石擊之。字之漫滅者十之二三。後龔雲岡見蔥秀之東嶺。名之曰翠屏。因作翠屏山記。而吳龍津作賦。雲岡謂譯士曰。董侍講之記。何無碑閣耶。於是又刻龔吳之記賦於石之陰陽。與董記相峙並樹。作閣以庇之。其尊華使重文雅。始盡其道。而無所闕矣。

龔太史用卿吳黃門希孟。皆風流文雅。覽本國山川之秀。不覺發興。至於下轎吟賞。凡所歷川嶺池亭。輒名之或易其舊號。仍寫額以揭之。名嘉山之東亭。曰齊山。改大定江之敵愾亭。曰控江。題平壤之亭子船。曰乘碧。改望月亭。曰先月。改黃州之於草川。曰簇錦溪。名鳳山之茅亭。曰棲鳳。南亭曰樂山。名瑞興之車踰嶺。曰高踰。名葱秀山之東山。曰翠屏。景福宮後苑之石橋。曰長虹。忠順堂之松曰老龍。曰盤虬。翠露亭之西樹林蓊翳處。曰凝秀。慶會樓下之池。曰環碧。曰玉液。西之小渚。曰雙洲。改白岳曰拱極。仁王曰弼雲。

本國之俗。凡院宇之成。例以一時方言名之。出無稽甚矣。黃州之西。有一院。輿地勝覽載其名。曰貯卜只。東人之不好事如此。嘉靖丁亥。龔太史用卿到此院。問其名。湖陰鄭先生改貯卜只三字作貯福以對。太史有詩曰。三韓驛路多傍山。獨有貯福在田間。云云。今刻板懸之。此院之名。庶免乎鄙俚。

東國不好事。雖名山勝地。未嘗有題名記焉。唯高城三日浦。有丹書六字。亦後人追刻。非其眞筆也。雲岡龔太史登平壤牧丹峯。寫題名記曰。嘉靖丁酉暮春。正使龔用卿副使吳希孟。同判書鄭士龍觀察使李龜齡遊此。卿識。字大如鵝。囑觀察使鑱諸石。刻者失眞。又立於浮碧樓下道傍。有非古人題名石之遺意。及編皇華集。鄭湖陰以爲石既在樓下。權改其題。曰浮碧樓題名記要非當時之實跡也。

牧老題浮碧樓詩。昨過永明寺。暫登浮碧樓。城空月一片。石老雲千秋。麟馬去不返。天孫何處遊。長嘯倚風磴。山青江自流。景泰初。倪侍講登浮碧樓。讀此詩歎曰。惜不得與此人同時也。其後華使之來。觀察使例去本國之人作。故此詩亦不得留。嘉靖年間。龔雲岡謁箕子廟。讀春亭所製碑銘。屢加稱美。牧老之詩。豈下於春亭之碑乎。恨不使雲岡輩見之。而碑亦非詩板之易去者。得遇賞於雲岡耳。余竊謂。文章論其工拙而已。而必拘以中國也。大同江又有三峯江之水辭。鄭之常雨歇長堤草色多之詩。若使倪龔見之。未必不與李卞之作同。其嘆美也。

中國重題額。必求於縉紳之有才望者。定州納淸亭舊額。譯士朴址所寫。龔雲崗與吳黃門登亭問曰。亭額誰所寫。譯士對曰朴址之筆也。雲岡曰朴址何人。曰通事官也。黃門曰書勢甚俗。至大平館。遂寫納淸亭三字使揭之。凡詔使之問。當一一傳於伴接宰相。禀其指撝而答之。斯可也。譯士徑對以朴址之筆。使若一國之能寫者然。辭失矣。

中廟朝。高贇成荆山。趙叅贇元紀。安叅贇潤德。任判書由謙。李知事自堅。丁同知壽岡。李同知陌等。俱年滿七十。乞致仕不允。依洛社古事。相與宴集。其後宰相至七十。則例與此會。又令愼僉知自健。寫屏張之。愼亦年過八十。其大字草書。比少尤壯。一時以爲盛事云。

趙知事元紀性儉素。嘗令毛匠作被肩。其法必取毛之厚者。縫於外面。而縫其薄者於裏面。公見之曰。汝眞拙工也。被肩之設。欲其暖也。今縫其薄毛於內而厚毛於外。非取暖之道也。遂使反其法焉。性又耐寒。雖隆冬不過穿一襦一裌衣而已。嘗見春月著小襪者。問曰何必着此。曰不然則冷氣入腹矣。公大笑曰腹與足相去甚遠。以足之冷。而害及於腹。安有此理哉。及卒。子興祖憲祖等兄弟同居。不求分異。一時稱之。

正德戊寅。地震有聲。如牛吼。城垣之壇塌者。十居一二。須臾震四五度。其夜又震六七度。人家錚鐵器皿。咸鏗然有聲。連十許日。或震或輟。訛言相傳云。一元之數將窮。五部官曉諭閭閻。令露宿於外。盖恐遭地震壓死也。於是民愈惑之。相與具酒食偸樂。過一月纔定。其後使臣回自燕京云。蘇州有二龍相鬬。挽江水於空中。使之倒流。又掀坤軸。天下皆震。未知其果由此也。

霧氣凝聚如霜霞。著草木之枝葉。堅厚料結。比雪特重者。中國人呼爲樹掛。盖災沴也。雲岡龔太史使朝鮮錄。有樹掛歌。

被歌詩於絃管。非手之神妙者不能也。本國之音。與中國殊異。所傳俗樂。未必皆合於節奏。正德年間。有樂工姜長孫者。以善琴名於一時。創奏歸去來辭。閭閻學樂者。頗傳其譜。李贇成長坤曉音律。爲掌樂院提調。一日坐院使長孫皷歸去來辭。纔弄一再行。令捽下杖八十棍。曰。汝何敢擅作僞樂以惑衆人乎。因而身死。歸去來辭遂絕。

朴耕之子訥年八歲。作大字。如虎豹之　已有食牛之氣。濯纓金公取其書作屛。置讀書堂。又作文以寵之。前輩之愛才如此。近有神童李山海。士人之蕃之子也。年五歲能草書。遒勁老熟。尤喜大字。作一箇字滿一壁。每臨寫。足掌染墨。不覺印紙。見之尤奇。其視林訥。年倍少。而筆又逈絕。一時名公才子。坌集求書。

車馬塞門。贈以筆硯謝。不受。或只取一管筆。不特才之卓越。其器識亦異。前途之進。將不可量也。惜其不得與濯纓同時。得其雄文之張大。與之俱傳於千萬世也。

婦人之職。中饋織紝而已。文墨之才。非其所宜。吾東之論。從古如此。雖有才稟之出人者。亦忌諱而不勉。可歎也。三國時則無聞焉。高麗五百年。只有龍城娼于咄彭原娼動人紅。觧賦詩。本朝有鄭氏成氏金氏。金有詩篇傳世。而萎弱少氣。唯鄭氏昨夜春風入洞房。一張雲錦爛紅芳。此花開處聞啼鳥。一詠幽姿一斷腸之詩。成氏服帶雙行淚。胸藏萬里心。門外紅桃一時盡。愁中白髮十分新之句。金氏境僻人來少。山深俗士稀。家貧無斗酒。宿客夜還歸之詩。稍可人意。今有東陽申氏。自幼工畫。其蒲萄山水。妙絕一時。評者謂亞於安堅。吁豈可以婦人之筆而忽之。又豈可以非婦人之所宜。責之哉。

嘗見醫方。有腦子。問於醫。則曰龍腦也。按宋史文天祥呑腦子不死。龍腦非殺人之物。疑所謂腦子者。別有一種也。嘉靖癸巳。余隨賀節使赴京。質正官羅翰林瀷頗博方書。余以腦子之疑質之。羅曰吾亦疑之久矣。於是太醫江宇到館。羅令譯官求見腦子。翌日寄一封來。乃赤色砒礵也。後江宇再來。問其由。答曰腦子非別物。是砒礵之赤者也。砒礵有赤白兩種云。以文天祥之呑腦子欲死觀之。江宇之言。爲不誣矣。噫龍腦腦子。厥性不同。今認龍腦爲腦子而合藥。則其不傷人者幸矣。況望其療病乎。本國醫士之用方書。如此類者不一。可懼也哉。

咸鏡六鎭。有一種樹。其葉似檜。土人謂之伊叱檟木。取其脂傳腫口立差。初發背尤效。正德中。始命歲貢于京。嘉靖癸巳。匣其樹枝。令醫官往質于中國。歷問御醫。皆云。不知其何木也。無乃樹不產於中州。漏於本草諸方。而人不知之耶。抑方書之外。別有此樹。而視以有名未用。不之試耶。或中國既知之。而匣去之枝。枯乾難辨耶。治腫既妙。則方書之載不載。中國之識不識。不必問也。

有別坐姓李者云。嘗得一方云。人有急死者。刺其無名指濡血書鬼字於額上則甦。始未之信。適有男子中惡急死者。將過半日。心下盡冷。刺其左手無名指。良久有血。遂依方試之果甦。前後得活者凡三人云。雖未究其理。而見效如此。異哉。

世之治痢疾者。晨起飲井華水一二大椀。有即差者。乃曰以冷去冷也。按方書有冷痢。又有熱痢。安可以一律治之哉。況以冷去冷。爲術最踈。其不至於害人者幾希。頃歲湖西人初發背腫。用細酒一瓶。和崖蜜數三升飲。至醉則立愈。此亦以熱去熱之謂也。腫之發於背者。最爲難治。稍緊則必死。其性本熱。今添熱而得愈。豈其理也哉。余意腫有毒不毒。而背有害不害。村落之人。不知此理。苟見汗毒之在背。驚以爲重腫。飲酒至醉。偶然消去。遂曰酒可治腫云爾。若信其術。則殺人也必矣。

金沖庵淨以能詩文名一世。所著遺失。存於世者無幾。其猶子天宇。收拾見聞。裒爲二卷。其遺懷詩曰。海國恒陰翳。荒村盡日風。知春花自發。入夜月臨空。鄕思千林外。殘生絕島中。蒼天應有定。何用哭途窮。又曰。少年師古訓。意拙謾多癡。道在名何用。官成殆亦隨。世事應前定。行身未早知。餘生儻有悔。來日庶能追。其晩望詩曰。秋陰起將暝。迢遞倚荊扉。虛莽蔓魖悄。冥烟島嶼微。眼穿孤鳥盡。思逐片雲依。一葦豈云遠。人遐自未歸。又曰。絕國無相問。孤身棘室圍。夢如關塞近。僮作弟兄依。憂病工侵鬢。風霜未授衣。思君若明月。天末寄遙輝。其効劉白張姚體詩曰。謫居人事絕。却與懶相宜。書亂多無次。畦荒半不治。睡眠侵午足。枕席赴涼移。人散酒醒後。月明聞夜時。其晨起詩曰。二年流落侶魚蝦。雙鬢蕭蕭半已華。魂夢不知滄海遠。春來無夜不還家。其山雨詩曰。蕭蕭山雨下茅庵。秋老荒城晚色酣。故國山川魂自往。不知身在海天南。其題路傍松詩曰。海風吹去悲聲遠。山月高來瘦影疎。賴有直根泉下到。雪霜標格未全除。其江南詩曰。江南殘夢晝厭厭。愁逐年芳日日添。雙燕來時春欲暮。杏花微雨下重簾。其錦江樓詩曰。西風木落錦江秋。烟霧蘋洲一望愁。日暮酒醒人去遠。不堪離思滿江樓。其江興詩曰。遠峰天外翠眉浮。烟樹重重暗浦頭。一雨滄江歸棹晚。雁橫寒渚蓼花秋。其別弟詩曰。汝去寧　。吾留阻我親。去留分汝我。吾汝本同身。其感興詩曰。落月臨荒野。寒鴉下晚村。空林烟火冷。白屋掩荊門。其岐路詩曰。歧路紛紛者。應緣食與衣。不知朝復暮。白盡鬢邊絲。

沖庵金公嘗遊通川之叢石亭。題詩六首。後郡守毁其板。因而逸其二篇。嘗覽四佳東人詩話。金英憲之岱題詩義城館樓。爲一時膾炙。及樓火於兵。板隨以亡。後數十年。縣監吳廸莊之女。發狂亂語。忽詠出金詩。以爲鬼物亦愛詩。使復傳於世。若通之爲郡。亦無鬼物之愛詩者。可惜也。今錄四詩于下。其一曰。絕嶠丹崖滄海陬。孤標敻邈即蓬丘。硬根直挿幽波險。削面疑經巧斧修。鰲柱天高殘四片。羊碑峴古　六。　。　去已寥廓。目斷碧雲空自愁。其二曰。千古高皐叢石勝。登臨寥落九秋懷。斗魁鏟彩隨碧海。月宮借斧削丹崖。巨溟欲泛危欃去。頑骨長衝激浪排。蓬島簫笙空淡竚。夕陽搔首寄天涯。其三曰。八月十五叢石夜。碧空星漢淡悠悠。飛騰桂影昇天滿。搖漾銀光溢海浮。六合孤生身一粒。四仙遺躅鶴千秋。白雲迢遞萬山外。獨立高邱杳遠愁。其四曰。雲沒秋晴淡碧層。淸晨起望太陽昇。光涵海宇初呑吐。彩射天衢忽湧騰。幽窟老龍驚火焰。深林陰鬼失依憑人間昏黑。從今廓。欲向崦嵫爲繫繩。

僧雪翁者自稱受業於金時習之門人。頗解賦詩。亦曉談命。唐太史之來。翁作詩呈于寶山館。其意以爲。詔使必奇其詩而召見也。太史覽之。送于遠迎使容齋李公曰。下輩以此作示予。予不曉其所道語。容齋以其事啓　聞。命拿來杖流于遠。太史西還。作詩使付之曰。天興有寺在山中。偶爾逢僧說異同。花玉三生何起滅。性原二字但眞空。行雲錫杖泥沙印。了月因緣頭腦翁。獨有烟霞憑舊物。菩提枝葉任西東。所使多佛經。不可曉。

稗官雜記四終

索引

一二劃

一三劃

鸚鵡 49

二乂劃

戇騃 78